07 MAR 2019

29. OCT 10.

CYM

D1578895

NC

d -71

Bro a Bywyd
His Life, His Land

Kyffin Williams

Golygydd
David Meredith
Editor

Dylunydd
Dafydd Llwyd
Designer

Cyhoeddiadau **Barddas** Publications

2007

SWANSEA LIBRARIES

Withdrawn

0001176261

Argraffiad cyntaf/ First impression: 2007

ISBN 978-1-906396-04-6

Cyhoeddwyd gyda chymorth ariannol
Cyngor Llyfrau Cymru.

This book is published with the financial support of the
Welsh Books Council

Llun y clawr/cover picture: *Llyn Conwy, 1997*

CITY & COUNTY OF SWANSEA LIBRARIES	
Cl. 920 WIL	
Au.	Pr.
Date	Loc. NC
No.	

Cyhoeddwyd gan Gyhoeddiadau Barddas
Argraffwyd gan Wasg Dinefwr, Llandybïe

RHAGAIR

David Meredith

Gwyliwr ar y tŵr oedd Kyffin Williams, neu John Kyffin Williams, neu Syr Kyffin, neu fel yr hoffai i bobl gyfeirio ato, Kyffin. Ie, gwyliwr ar y tŵr dros fuddiannau artistig gorau Cymru a byd Celf. Ef, yn ddiamau, oedd prif arlunydd Cymru, dyn a oedd ar dân dros ei alwedigaeth hunan-ddewisedig o fod yn arlunydd proffesiynol. Ni welodd Cymru artist mwy cynhyrchiol na mwy masnachol lwyddiannus na John Kyffin Williams. Etifeddodd gariad at bobl gan ei dad a'i gyndeidiau a chredai mai ei bortreadau oedd peth o'i waith gorau.

Fel Cymro gwerth ei halen, roedd yn falch o'i dras a'i gysylltiadau a'i wreiddiau dwfn yn Sir Fôn ac yn ardal Llansilin ym Mhowys. Er mai Cymru, yn rhostiroedd, tai annedd a ffermydd, mynyddoedd, llynnoedd, eglwysi, capeli, arfordiroedd a llechweddau ysgithrog oedd prif feysydd ei weithgarwch fel artist paentiadau tirwedd, bu hefyd yn gweithio yn Ne America a nifer o wledydd Ewrop.

Y mae ei baentiadau olew, *gouache*, dyfrlliw a phen ac inc o'r Wladfa 1968/69 yn gasgliad unigryw ysblennydd o dirwedd, anifeiliaid, blodau, adar a phobl Patagonia, casgliad a roddodd Kyffin yn rhodd i'r genedl drwy eu cyflwyno i'r Llyfrgell Genedlaethol, yn gofadail weladwy, barhaol o'n trefedigaeth ym mhellafoedd byd fel petai. Mae'r casgliad yn un o brif drysorau'r Llyfrgell.

Rhodd arall werthfawr a gyflwynodd Kyffin i Fôn ac i Gymru oedd casgliad o'i waith gwerth miliwn a mwy a roed i Oriel Ynys Môn yn Llangefni. Dangosir y gwaith yma yn yr oriel newydd sydd yn rhan o Oriel Ynys Môn, yn gofadail barhaol i Kyffin.

FOREWORD

David Meredith

John Kyffin Williams was Wales' greatest artist. During the thirty five years that I knew him, he never ceased to amaze me with his perseverance, his determination and his discipline in his chosen profession of 'making a living by painting'. To many people, Kyffin was a painter in oil of majestic, often snow-clad mountains, dark and deep valleys and roaring waterfalls. But his seascapes were also inspiring, his paintings of trees and flowers colourful, light and delightful, his book cover designs outstanding, his linocuts distinctive and memorable and his cartoons and limericks abounding with humour.

His portraits in oil, watercolour and pencil are masterly. His Patagonian Collection, donated by Kyffin to the National Library of Wales, is a triumph recording the people, the land, the birds, the animals, the flora and fauna of Y Wladfa. No artist had a keener eye than Kyffin. Oriel Ynys Môn at Llangefni, Anglesey, also benefited from his generosity, receiving a vast number of paintings and drawings, a truly remarkable collection.

It is not surprising that Kyffin was a masterly painter of mountains, of rock faces and valleys. He loved and understood the mountains and the farmers that farmed them, and took pride in the fact that Sir Andrew Crombie Ramsay, the man who contributed more than any other single individual to our knowledge of the geological structure of the mountains of Wales, was his great uncle. Kyffin knew the names of the mountains, rivers and villages of his native Anglesey and Gwynedd; he could name the birds that flew above him and the grasses and flowers growing beneath his feet.

Teyrnged yw'r llyfr hwn i gyfaill, i ddyn annwyl, i Gymro glew, i ŵr ffraeth llawn hiwmor ac i grefftwr na welir ei debyg, ac os bu cenedlgarwr erioed, Kyffin oedd hwnnw.

Canodd fawl i'r greadigaeth drwy ei waith ac ysbrydolodd ni oll gyda'i ddelweddau pwerus, llawn awyrgylch, delweddau sydd ynghrog mewn tai annedd, mewn galerïau a sefydliadau cenedlaethol, mewn ysgolion a cholegau, ar furiau coridorau ysbytai ac mewn neuaddau mawr a bach.

Cawr o ddyn oedd Kyffin Williams a chawr o artist. Cynorthwyodd i sefydlu galerïau celf ac i ddiogelu casgliadau celfyddydol pwysig i Gymru.

Carodd Gymru a'i phobl yn angerddol ac mae'n wych o beth mai'r portread hwn mewn print yw'r cyhoeddiad cyntaf yn y gyfres Bro a Bywyd i groniclo bywyd arlunydd, a hynny'n ddwyieithog.

Meddai Alan Llwyd amdano mewn tri englyn cryf:

Fesul darn, oddi arnom y rhwygwyd
    tiriogaeth a gawsom
      yn rhodd, yn Gymru eiddom,
      pob carreg las, pob craig lom.

Ond rhag difa'n hunaniaeth, â'i gynfas
    fel gwahanfur helaeth,
      rhoi'n ôl i Gymru a wnaeth
      dirweddau'i daearyddiaeth.

Fesul creigle, ailgreodd ein holl wlad
    Yn llun, ac fe'i rhoddodd
      yn anrheg, yn gymynrodd:
      rhoi i ni Eryri'n rhodd.

Bu'n fraint ac yn bleser i mi gael paratoi'r gwaith hwn.

Kyffin believed that some of his best paintings were portraits; he was at home with people. He wrote that it was from his father that he learnt of the importance of appreciating local characters from his native Anglesey. It also helped him that so many of his forebears were parsons who ministered to the needs of their parishioners, indeed, people were paramount to them. As Kyffin once said "I too have been obsessed with people". He had been unable to resist the challenge of the portrait.

'Love' and 'mood' were words often used by Kyffin. A painting had to have mood, an artist had to love his subject matter. Throughout his long career – he painted for over sixty years – Kyffin was an Ambassador for the arts in Wales, championing young artistic talent in so many disciplines. But Kyffin was more than a portrait and landscape painter, he was an entertaining writer and lecturer – the teacher in him was never far from the surface.

Kyffin was never afraid to voice his creative opinions and was often a lone voice in seeking to give prominence to Welsh talents, such as sculptors Ivor Roberts Jones and John Gibson. But it is the story of Kyffin's own life that is told on the following pages, Kyffin the artistic giant and Kyffin the beloved man.

It's been my pleasure and privilege to record his remarkable journey.

Cerflun o Kyffin gan ei gyfaill Ivor Roberts Jones. Oriel Ynys Môn.

A bust of Kyffin by his friend Ivor Roberts Jones. Oriel Ynys Môn.

1

2

1. Hunan-bortread.

2. Kyffin yn arlunio ac yn lliwio (dyfrlliw) llethrau Nant Peris.
Arlunwyr (HTV Cymru).

1. Self-portrait.

2. Kyffin drawing and colouring the slopes of Nant Peris.
Arlunwyr – Artists (HTV Cymru).

Kyffin

Gwynedd a'i maith glogwyni – a welir
  Yn dy olew'n gwysi;
  A deil dy gynfasau di
  Hen Arwriaeth Eryri.

James Nicholas

Kyffin

Gwynedd and her unending crags are there
  In the furrows of your oil;
  Embedded in your canvases:
  The old Heroism of Eryri.

James Nicholas

Teulu Treffos

Rhan o goeden deuluol tad Kyffin
Henry Inglis Williams
a rhan o goeden deuluol ei fam
Esyllt Mary Williams

The Treffos family

Part of the family tree of Kyffin's father
Henry Inglis Williams
and part of his mother's family tree
Esyllt Mary Williams

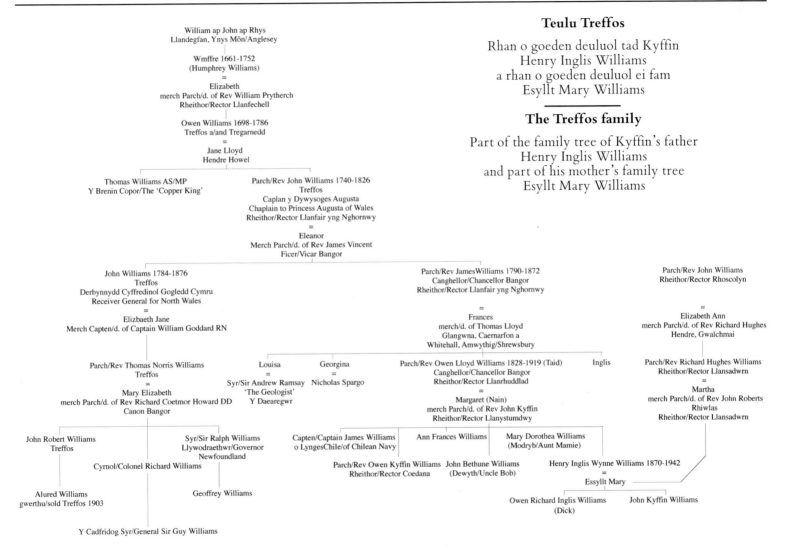

Man Geni   **Place of Birth**

3

Tref enedigol Kyffin.   Llangefni, Kyffin's birthplace.

4

5

4. Cloc y Dref.   4. The Town Clock.

5. Adeiladau canol y dref a'r cloc.   5. Town centre buildings and the clock.

6

6. Tanygraig, Llangefni, y tŷ lle y'i ganed (fel y mae heddiw).   6. Tanygraig, Llangefni, Kyffin's birthplace (as it is today).

Rhostryfan.

Y Cyfnod Cynnar

Tudalen 14. Gwastadnant.

7. Kyffin yn cael ei fagu.

8. Kyffin yn fabi gyda'i fam, Esyllt Mary Williams.

9. Dick y brawd yn y pram gyda'i dad a'i fam.

Early Times

Page 14. Gwastadnant.

7. Kyffin being nursed.

8. As a child with his mother, Esyllt Mary Williams.

9. Brother Dick in the pram with his mother and father.

7

8

9

10

11

12

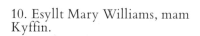

10. Esyllt Mary Williams, mam Kyffin.

10. Esyllt Mary Williams, Kyffin's mother.

11. Hen-nain Kyffin, Frances Williams (arlunwraig fedrus iawn).

11. Frances Williams, Kyffin's great-grandmother (a very able artist).

12. Hen-daid Kyffin, y Parch. James Williams.

12. Kyffin's great-grandfather, Rev. James Williams.

14

13. Y garreg gerfiedig yn Eglwys Llanfair-yng-Nghornwy yn coffáu hen-daid a hen-nain Kyffin, a hefyd ei daid.

14. Eglwys Llanfair-yng-Nghornwy.

13. The engraved slate plaque at Llanfair-yng-Nghornwy Church commemorating his great-grandfather and great-grandmother and their son, Kyffin's Grandfather – 'Taid'.

14. Llanfair-yng-Nghornwy Church.

13

In Memory of
JAMES & FRANCES WILLIAMS
who inspired the people of Anglesey to form a Lifeboat
Association & who placed the first boat at Cemlyn in 1828
& OF THEIR SON OWEN LLOYD WILLIAMS
who succeeded his father not only as Chancellor of
Bangor Cathedral but also as the Coxswain
of the Cemlyn Boat

15. Beddrodau James a Frances Williams a'u mab Owen Lloyd Williams, Llanfair-yng-Nghornwy.

15. Gravestones of James and Frances Williams and their son Owen Lloyd Williams, Llanfair-yng-Nghornwy.

16

17

18

19

16. Henry Inglis Wynne Williams.

17. Kyffin a'i dad, Henry Inglis Wynne Williams.

18. Kyffin gyda'i dad.

19. 'Taid', y Parch. Owen Lloyd Williams.

16. Henry Inglis Wynne Williams.

17. Kyffin and his father, Henry Inglis Wynne Williams.

18. Kyffin with his father.

19. 'Taid', the Reverend Owen Lloyd Williams.

20

21

20. Y ddau frawd gyda'u nyrs Annie.

21. Y ddau frawd gyda'u mam a'u tad.

20. The two brothers with their nurse Annie.

21. The two brothers with their parents.

22

22. Y ddau forwr.   22. The two sailors.

23. Y ddau frawd yn drwsiadus gyda Dr Lloyd.

23. With Dr Lloyd – two brothers in matching coats!

23

24. Dick a Kyffin.

25. Yn fach ar lin Mam.

26. Y plant yn cael pob gofal gan eu mam a'r morwynion.

24. Dick and Kyffin.

25. Growing up – on Mother's knee.

26. The children given every attention by their mother and the maids.

24

25

26

27

27. Plentyndod dedwydd y cartref dros dro, Brynhyfryd, ger Biwmares.

28. Brynhyfryd.

29. Dick a Kyffin ar draeth Porthygest.

27. Idylic childhood, the home for a while, Brynhyfryd near Beaumaris.

28. Brynhyfryd.

29. Dick and Kyffin on the beach at Porthygest.

28

29

30. Pen-blwydd Dick ar y traeth.

30. Dick's birthday on the beach.

31. Henry Inglis yn cael te yn y rhedyn!

31. Henry Inglis – tea in the bracken!

32. Henry Inglis Williams a'r cyfnitherod Polly Lloyd ac Alice Lloyd, yn y car mewn steil!

32. Henry Inglis Williams and cousins Polly Lloyd and Alice Lloyd in the car, in style!

30

31

32

33

35

34

33. Tad Kyffin a'r fuwch yn Lledwigan.

33. Kyffin's father and cow at Lledwigan.

34. Y ddau frawd.

35. Y lôn heibio i Ledwigan ger Llangefni.

34. The two brothers.

35. The lane past Lledwigan on the outskirts of Llangefni.

36

37

36. Kyffin wrth ei fodd ar gefn ceffyl.

36. Kyffin the expert horseman.

37. Dick a Kyffin – y ddau actor.

37. Dick and Kyffin – the two actors.

38. Henry Inglis gyda'r ceffylau yn Lledwigan.

38. Henry Inglis with the horses at Lledwigan.

39. Y Ddreser Deuluol.

39. The Family Dresser.

38

39

40a

40b

40a/b. Dick a Kyffin.

40a/b. Dick and Kyffin.

41

42a

42b

41. Plas Gwyn ger Pentrefelin, y cartref yn Eifionydd.

42a/b. Gyda Bonzo, yn barod i farchogaeth ceffyl neu feic.

41. Plas Gwyn, the home near Pentrefelin in Eifionydd.

42a/b. With Bonzo, ready to ride a horse or a bike.

43

44*a*

44*b*

45

43. Yn barod i wersylla.

44*a/b*. Pwysigrwydd Bonzo!

45. Lledwigan, y cartref ger Llangefni.

43. Ready for camping.

44*a/b*. The importance of Bonzo!

45. Lledwigan, the home near Llangefni.

Ysgol Amwythig

46/7. Bu Kyffin yn Ysgol Amwythig rhwng 1931 a 1936 (cyn hynny yn Ysgol Bae Trearddur 1925-1931). Ysgol annibynnol oedd hon yn wreiddiol i fechgyn rhwng 13 a 18 oed. Ymhlith y cyn-ddisgyblion mae Charles Darwin, y naturiaethwr, Michael Heseltine, y gwleidydd, a dau o sefydlwyr *Private Eye*, Willie Rushton a Richard Ingrams, heb sôn am groestoriad rhyfeddol o arweinwyr mewn nifer helaeth o feysydd o fewn gwledydd Prydain a thramor.

Shrewsbury School

46/7. Kyffin attended Shrewsbury School between 1931 and 1936 (before then he was at Trearddur Bay School 1925-1931). This independent school was originally for boarders, boys between 13 and 18. Amongst the famous 'old boys' were Charles Darwin, the naturalist, Michael Heseltine, the politician, and two of the founders of *Private Eye* magazine, Willie Rushton and Richard Ingrams, as well as a remarkable list of leaders in every aspect of life within Britain and abroad.

46

47

Wedi gadael Ysgol Amwythig ym 1936, ymhen y rhawg trefnodd ei dad swydd iddo gyda'r asiantaeth tir 'Yale and Hardcastle' ym Mhwllheli.

After leaving Shrewsbury School in 1936, Kyffin's father found a job for him with the land agents 'Yale and Hardcastle' in Pwllheli.

48. Mam Kyffin yn sefyll o flaen drws Lledwigan ger Llangefni.

48. Kyffin's mother by the door of Lledwigan, the home near Llangefni.

49. John Kyffin Williams, y gŵr ifanc.

49. Young master John Kyffin Williams.

50*a*

50*b*

50*a/b*. Henry Inglis, a garai bobl ac a ysbrydolodd Kyffin i ddilyn ei esiampl. Rheolwr banc wrth ei waith.

50*a/b*. Henry Inglis who loved people and who inspired Kyffin to follow his example. He was a bank manager by profession.

51

52

51. Henry Inglis ym Mhlas Gwyn.

52. Yr heliwr.

51. Henry Inglis at Plas Gwyn.

52. 'And the hunter home from the hills'.

53. Dechrau'r gystadleuaeth, y car a'r ceffyl.

53. The competition begins, the car and the horse.

54. Esyllt Mary Williams.

54. Esyllt Mary Williams.

55. Kyffin gyda'i gyfeillion a'i gydnabod ganol y pedwardegau.

55. Kyffin with friends and acquaintances in the mid-1940's.

Chwith i'r dde:
Edmund Westby, Kyffin, Douglas Hicks, Geoffrey Crawshay, Morys Cemlyn Jones, Wynne Cemlyn Jones, Leonard Twiston-Davies.

Left to right:
Edmund Westby, Kyffin, Douglas Hicks, Geoffrey Crawshay, Morys Cemlyn Jones, Wynne Cemlyn Jones, Leonard Twiston-Davies.

53

54

55

56a

56b

56a/b. Roedd Kyffin wrth ei fodd yn ymuno â Chapten Geoffrey Crawshay a Syr Wynne Cemlyn Jones ac eraill i saethu ar fawndiroedd ac eangderau'r mynyddoedd gyda'u pencadlys yn Llandinam.

56a/b. Kyffin delighted in joining people like Captain Geoffrey Crawshay, Sir Wynne Cemlyn Jones and others, to shoot grouse on the heather-covered slopes of Mid-Wales, with Llandinam as their base.

57

57. Kyffin gyda Chapten Crawshay, Leonard Twiston-Davies, William Crawshay, Tony Twiston-Davies, y Parch. T. Hollingdale, Tim Edwards, Fisher Evans, Merfyn Jones, Watkyn Watkins.

58/9. 'Roedd y dyddiau saethu a drefnid gan Gapten Crawshay yn unigryw: dewisid y saethwyr i gynrychioli gwahanol agweddau ar fywyd Cymru yn hytrach nag am eu gallu i saethu'n syth ... am wythnos byddai milwyr, morwyr, personau, penseiri, beirdd, derwyddon, cantorion a phlismyn yn saethu dan oruchwyliaeth y gwestai.'
Kyffin, *Across the Straits*

57. Kyffin with Captain Crawshay, Leonard Twiston-Davies, William Crawshay, Tony Twiston-Davies, Rev. T. Hollingdale, Tim Edwards, Fisher Evans, Merfyn Jones, Watkyn Watkins.

58/9. 'Captain Crawshay's shoot was unique in that the guns were selected as representatives of different facets of Welsh life, rather than for their ability to shoot straight ... for a week soldiers, sailors, parsons, architects, bards, druids, singers and policemen shot under the leadership of their host.'
Kyffin, *Across the Straits*

58

59

60

60/1/2. 'Byddai'r saethu'n digwydd ar lethrau Pumlumon lle mae Afon Hafren ac Afon Gwy yn codi ...'
Kyffin, *Across the Straits*

60/1/2. 'The shoot took place on the slopes of Plynlimon where the Severn and the Wye rise ...'
Kyffin, *Across the Straits*

61

62

Gorffwys, cwsg. **Heaven on earth, literally!**

63

64

65

63/4/5. 'Cefndir cyfnewidiol y cwmwl a'r mynydd' (Kyffin, *Across the Straits*).

Lluniau camera gan Kyffin

'Aros mae'r mynyddau mawr'

63/4/5. 'The everchanging backcloth of cloud and mountain' (Kyffin, *Across the Straits*).

Photographs by Kyffin

'I am dreaming of the mountains of my home'

66/7/8. Paentiadau brwsh cynnil cynnar gan Kyffin.

66

66/7/8. Early brush paintings by Kyffin.

67

68

Gwlad Kyffin.

I'r Fyddin   **Joining the Army**

69

70

Tudalen 42. Llyn Cynwch.   *Page 42. Llyn Cynwch.*

69. Comisiynwyd Kyffin i Chweched Bataliwn y Ffiwsilwyr Brenhinol Cymreig ym 1937. Bu'n gwasanaethu gyda'i fataliwn yn nhref Lurgan yng Ngogledd Iwerddon. Ond gorfodwyd iddo adael y Fyddin. Dioddefai gydag epilepsi. Dywedodd doctor wrtho: "Gan eich bod mewn gwirionedd yn abnormal, credaf y byddai'n syniad da i chi ddechrau arlunio". Yn Hydref 1941 aeth Kyffin yn fyfyriwr i Ysgol Gelf y Slade.

69. Kyffin was commissioned with the 6th Battalion of the Royal Welch Fusiliers in 1937. He served with his battalion in the town of Lurgan in Northern Ireland. Suffering from epilepsy, he was forced to leave the Army. Inspected by a doctor, he was told: "As you are in fact abnormal, I think it would be a good idea if you took up art". In 1941 Kyffin entered the Slade School of Art as a student.

70. Kyffin, canol ar y chwith, a Dick ei frawd ar y dde.

70. Kyffin, centre left, and Dick his brother on the right.

71

72a

72b

71. Dick yn y Fyddin.

71. Dick in the Army.

72a/b. Yn Lurgan, Gogledd Iwerddon, 1939 (Kyffin yng nghanol yr ail res o'r gwaelod yn 72a, ac yng nghanol y rhes flaen yn 72b).

72a/b. At Lurgan, Northern Ireland, 1939 (Kyffin in the centre of the second row from bottom in 72a, and in the centre of the front row in 72b).

I'r Coleg, i'r Slade

To College, to the Slade

Ysgol Gelfyddyd Gain y Slade

Slade School of Fine Art

Bu Kyffin yn Ysgol y Slade, yr ysgol gelfyddyd gain, rhwng 1941 a 1944. Roedd yr ysgol wedi symud o Lundain i Rydychen i 'Amgueddfa'r Ashmolean' yn ystod y rhyfel, ac yno y bu Kyffin dan ofal Randolph Schwabe (Kyffin: chwith, rhes flaen).

Kyffin attended the Slade School of Fine Art between 1941 and 1944. The school had moved from London to Oxford during the war, to the Ashmolean Museum and Kyffin studied there under Randolph Schwabe (Kyffin: front, extreme left).

73

74

73. 1941-44
Kyffin yn fyfyriwr yn Ysgol Gelfyddyd y Slade (Llundain), a oedd wedi symud i Rydychen yn ystod y rhyfel.

'Pan euthum i'r Slade euthum yno gyda'r bwriad o fod yn athro celfyddyd mewn ysgol breswyl breifat gyfforddus. Nid oedd y syniad o fod yn baentiwr o ddifri wedi dod i'm meddwl. Diddanwn fy hun drwy feddwl am feysydd chwarae, brain yn nythu mewn coed y tu ôl i gapel yr ysgol – bywyd gwaraidd addfwyn athro mewn ysgol breswyl.'
Kyffin, *Across the Straits*

73. 1941-44
Kyffin as a student at the Slade School of Fine Art (London) which was moved to Oxford during the war.

'When I went to the Slade it was with the sole intention of becoming an art master at some comfortable public school; no idea of ever being a serious painter had entered my mind. Bent upon doing what my housemaster had done before me, I indulged in thoughts of playing fields, rooks nesting in trees behind the chapel, the gentle civilised life of a master at a public school.'
Kyffin, *Across the Straits*

74. Ychydig ddwdlo!

74. A bit of doodling!

75

76

76. Yr 'Ashmolean', Rhydychen, lle'r ymsefydlodd y Slade yn ystod y rhyfel (dechrau'r pedwardegau).

75. Y Slade, Llundain.   75. The Slade, London.

76. The Ashmolean Museum, Oxford, where the Slade was based during the war (early forties).

Ysbrydoliaeth

Inspiration

77

'Roeddwn o ddifri wedi meddwl mai edrych ar rywbeth ac yna ei roi i lawr oedd arlunio. Yn sydyn gwelais baentiad gan Piero della Francesca yn Llyfrgell Amgueddfa yr Ashmolean, sef *Atgyfodiad Crist*. Mi drawodd fi, lloriodd fi, roedd y fath emosiwn ynddo, a naws anhygoel, naws pwerus pwerus. Gwnaeth i mi wylo wrth ei weld, roedd dagrau'n powlio i lawr fy ngruddiau, chwithdod mawr – a dyna oedd fy ffordd i Ddamascus, a dweud y gwir, fy nhröedigaeth, o achos dechreuais sylweddoli y dylai rhywbeth ysbrydol ddod i mewn i arlunio, rhywbeth sydd bron yn gyfan gwbl ar goll y dyddiau hyn, ac mae'n drueni mawr. Roedd yna gariad mawr at ddynoliaeth ac ysbryd yn yr hen baentwyr.'
Kyffin mewn cyfweliad â David Meredith, *Kyffin in Venice*, 2006.

'I really thought that art was looking at something and putting it down. Suddenly I saw a painting by Piero della Francesca in the Library of the Ashmolean Museum; it was the *Resurrection of Christ*. It actually hit me, poleaxed me – the emotion in it and the mood, incredible mood, powerful powerful mood. It made me weep when I saw it, tears just rolled down my cheeks – it was very embarrassing – and that was my road to Damascus, my conversion really, because I began to realise that there's something spiritual which should come into painting – something which is almost entirely lacking today, which seems such a tragedy. In these old painters, there was a tremendous love of humanity and a spirit.'
Kyffin in an interview with David Meredith, *Kyffin in Venice*, 2006.

77. Kyffin, yn y rhaglen *Reflections in a Gondola*, yn rhyfeddu at waith Piero della Francesca.

77. Kyffin, in the programme *Reflections in a Gondola*, in awe at Piero della Francesca's painting.

78

78. c.1460 Ffresco gan Piero della Francesca (1415-92) – *Atgyfodiad Crist*. Mae'r gwreiddiol yn nhref enedigol Piero, sef Sansepolcro, Umbria, Yr Eidal, yn mesur 88 5/8 x 78 modfedd.

Trefnwyd llun o gylch llinell fertigol sy'n rhannu'r darlun yn ddau. Gesyd Piero y gaeaf ar y llaw chwith i'r llinell a'r haf ar y dde.
Mae'r newid yma yn y tymhorau yn pwysleisio aileni Crist ei hun. Dylid dehongli'r llun drwy edrych arno o'r chwith i'r dde. Mae troed Crist mewn safle diddorol – ar erchwyn y bedd, gan roi'r argraff ei fod ar fin camu ymlaen. Roedd Piero yng nghanol trafodaeth y cyfnod am bersbectif. Cyferbynnir hefyd rhwng cwsg (y milwyr) ac agwedd effro y Crist. Fel y tystiodd Kyffin ei hun, wylodd wrth weld y llun am y tro cyntaf.

78. c.1460 Fresco by Piero della Francesca (1415-92) – *The Resurrection of Christ*. The original painting is in the town of Sansepolcro, Umbria, Italy, measuring 88 5/8 x 78 inches.

The painting is divided by a vertical line – Piero portrays winter on the left hand side and summer on the other. This change in the seasons underlines the rebirth of Christ himself and Christ's foot on the edge of the grave makes the figure appear as if it is going to step forward.
There is also a vivid contrast between the sleeping soldiers and the dynamic live Christ. As Kyffin himself testified, he wept when he saw this painting for the first time.

I'r Cyfandir – paentio dramor

To the Continent - painting abroad

79

These are some of the many drawings I have done in different parts of the world between 1950 and 1990. They have been made in pencil, ink, watercolour and wash; in wind and rain, in sun, and sometimes when the frost was on the ground. They were all made as possible subjects for paintings, but also to satisfy that creative urge that overtakes most people when travelling abroad. I hope I have been able to convey some of my enthusiasm for these far-away places.

KYFFIN WILLIAMS, Pwllfanogl 1992

79. Cyflwyniad gan Kyffin i arddangosfa yn y Tegfryn, Porthaethwy 1992.

79. Introduction by Kyffin to an exhibition in the Tegfryn Gallery, Menai Bridge 1992.

80a

80b

80a/b. Yn Chwefror 1950 croesodd Kyffin y sianel am y tro cyntaf. Dros y blynyddoedd cafodd brofiad gwerthfawr o ymweld â'r Eidal, Gwlad Groeg, Yr Iseldiroedd, Iwerddon, Ffrainc ac Awstria, a thaith fawr ei fywyd i Batagonia, wrth gwrs.

Tudalen 52. Llanddwyn.

80a/b. In February 1950, Kyffin crossed the channel for the first time. Over the years, he visited and painted in many countries, Italy, Greece, Holland, Ireland, France and Austria, and his great adventure, his visit to Patagonia.

Page 52. Llanddwyn.

81

82

83

84

85

86

Lluniau o Kyffin a chyfaill,
David Smith, yn paentio
dramor.

Photographs of Kyffin
painting abroad with fellow-
artist David Smith.

87

'Môr a mynydd i mi'   *Twixt mountain and sea*

88

89

Athro yn Ysgol Highgate, Llundain (1944-1973)

Teacher at Highgate School, London (1944-1973)

90

THE STORY OF HIGHGATE SCHOOL

Revised edition with additional chapter
by A. P. White

The Quadrangle, Highgate School

By
C. A. EVORS, M.A., T.D.

91

90/1. '... gwelais fod angen rhywun yn barhaol ar Mr Geoffrey Bell o Highgate i redeg eu hadran ...

Cefais gyfweliad a chroesawyd fi gan ŵr tal, wyneb hir gyda mop o wallt gwyn yn disgyn dros ei dalcen. Dyma Geoffrey Bell, Prifathro Coleg Trent hyd yn ddiweddar, dyn o natur ddymunol ac o gryn allu. Yr oeddem yn hoff o'n gilydd a chefais y swydd.'

'Roedd hwn yn un o'r digwyddiadau mwyaf lwcus yn fy mywyd ...'

Kyffin, *Across the Straits*

Bu'r bardd adnabyddus T. S. Eliot hefyd yn athro yn Ysgol Highgate.

90/1. '... saw that Mr Geoffrey Bell of Highgate needed someone permanently to run their department ...

I was given an interview and was met by a tall, genial, long-faced man with a mop of white hair that fell across his brow. This was Geoffrey Bell, late headmaster of Trent College, a man of considerable charm and ability.'

'We liked each other and I got the job. It was one of the luckiest moments of my life ...'

Kyffin, *Across the Straits*

T. S. Eliot, the renowned poet, was also a teacher at Highgate.

THE QUADRANGLE, HIGHGATE SCHOOL, 1949

[To face p. 54

93

93. Ysgol Highgate, 1946, gyda Kyffin ymhlith yr athrawon, y drydedd res o'r blaen, ar y dde.

93. Highgate School photo 1946, with Kyffin amongst the teachers, third row from front, on the right.

94

95

94/5. Kyffin yn y dosbarth yn Ysgol Highgate gyda rhai o'i ddisgyblion.

Mewn cyfnod pan oedd y weithred o ddysgu yn ffurfiol iawn, tystia nifer o gyn-ddisgyblion Kyffin ei fod yn wych o anffurfiol ac yn eu denu at bwnc celfyddyd.

94/5. Kyffin in the classroom at Highgate School with some of his pupils.

At a time when teaching was very formal, several 'old pupils' at Highgate during Kyffin's time bear witness to his wonderful inspirational informality.

96

Mewn llythyr i'r *Times*, meddai Roderick Thomson, cyn-ddisgybl i Kyffin:

'Wrth fynychu'r Ysgol Gelf fel disgybl yn Highgate ym 1950, amgylchynwyd fi gan ddiwylliant, brwdfrydedd a rhyddfrydigrwydd John Kyffin Williams, gŵr tal wedi ei wisgo mewn trowsus *khaki* a chôt o frethyn Cymreig a thei y Ffiwsilwyr Brenhinol Cymreig. Ym mhen draw stiwdio hir, roedd casgliad o luniau o fyd celf. O dan y rhain ar lwyfan bychan a thu ôl i ddesg dal gul, eisteddai Kyffin ar ddechrau'r sesiwn yn cynnig pynciau, awgrymiadau a dulliau posibl (o weithredu). Wrth i ni weithio, cerddai o gwmpas yn annog, yn cynhyrfu'r dyfroedd, yn llawn brwdfrydedd, ac yn helpu. Gan mor agored ei agwedd, ei eiriau a'i weithredoedd, llwyddai i gyfleu, heb fod yn haearnaidd, hanfod gwirionedd a didwylledd, sef y gwerthoedd a reolai ei fywyd ef ei hun ac a dreiddiodd i'w waith arlunio, ei baentiadau, ei brintiau, ei lyfrau a'i lwyddiannau dinesig.'

96. Ystafell Kyffin, Ysgol Highgate 2008.

In a letter to *The Times*, Roderick Thomson, one of Kyffin's former pupils, said:

'On entering the Art School as a pupil at Highgate in 1950 one was enveloped by the culture, enthusiasm and liberality of John Kyffin Williams, a tall, rangy figure dressed in khaki trousers, a coat of Welsh tweed and a Royal Welch Fusiliers tie. At one end of the long studio, there was a frieze of posters of works of art. Below this, on a dais and behind a tall, narrow desk, sat Kyffin at the start of a session, offering topics, suggestions and possible methods. As we worked he would lope around stirring things up, enthusing, encouraging, helping. By the openness of his approach and his words and actions he conveyed, without didacticism, the absolute necessity of truth, sincerity and integrity, values by which he steered his own life and which permeate his drawings, paintings, prints, writings and civic achievements.'

96. The Kyffin Williams Room, Highgate School 2008.

97

97. Kyffin yn ysbrydoli'r plant – canol y pedwardegau.   97. Kyffin inspiring his pupils – mid-forties.

Nant Peris.

98

Wrth arlunio ar Gader Idris ym 1947, cyfarfu Kyffin â bachgen ifanc a ddechreuodd sgwrsio ag o. Soniodd y gŵr ifanc wrth Kyffin am yr 'awen' gan ailadrodd y gair drosodd a thro. Ni wyddai Kyffin beth oedd y bachgen yn ceisio'i ddweud. Roedd Kyffin yno i weithio, gwaith oedd hyn oll iddo ef. Wedi mynd i lawr o'r mynydd y diwrnod hwnnw, dechreuodd Kyffin feddwl y gallai, efallai, efallai yn wir, ennill ei fywoliaeth drwy fod yn arlunydd.

98. Llyn Cau, Cader Idris, 1947.

99. Cader Idris, 2004.

Tudalen 64. Pentre Pella.

Drawing on the slopes of Cader Idris in 1947, Kyffin met a young man, who stopped to converse with him. Looking at his work, the young man exclaimed "Ah, the muse" and repeated the words again, "the muse"! Kyffin didn't understand what he meant, he was there to work, to draw, to paint. Having climbed down the mountain back to his lodgings at the end of the day, Kyffin began to think maybe, just maybe, he could earn a living by being an artist.

98. Llyn Cau, Cader Idris, 1947.

99. Cader Idris, 2004.

Page 64. Pentre Pella.

99

100

Patagonia

100/1/2. Antur fawr ei fywyd oedd ymweliad Kyffin ym 1968 â Phatagonia yn Ne America. Bu aelodau o'i deulu yno o'i flaen a chyda help y Fonesig Amy Parry-Williams, darbwyllwyd Pwyllgor Churchill fod yna Gymry yn byw ac yn trigo ym Mhatagonia a chafodd Kyffin ysgoloriaeth i fynd yno i gofnodi eu bywyd a'u gwlad.

To Patagonia

100/1/2. Visiting Patagonia in South America in 1968 was a great adventure for Kyffin. Members of his family had been there before him. With help from Lady Amy Parry-Williams, he managed to convince the Winston Churchill Trust that there were indeed Welsh-speaking Welsh men and women in Patagonia. Kyffin was awarded the Winston Churchill Fellowship to record the people and their land and the birds and animals.

101

WINSTON CHURCHILL MEMORIAL TRUST

PATRON:
HER MAJESTY THE QUEEN

1a QUEEN STREET MAYFAIR,
LONDON W.1
Telephone: MAYFAIR 0091

27th May, 1968.

Dear Williams

    I think you asked about going to Patagonia by ship and whether it counted against your 4 months' Fellowship.

    The normal procedure of the Trust is to provide the Fellow with the cost of the return air fare at tourist rate. If a Fellow likes to go by sea, he can certainly do so. A sea passage usually costs rather more than the air fare and the Fellow is normally expected to pay the difference himself. If your sea passage to Patagonia costs £130, I would have thought that this would be quite a bit less than the air fare. How you travel to and from Patagonia if you do not go by air would not normally affect your 4 months Fellowship in Patagonia. If you went by air you could get there in one or two days; if you go by ship it might take six weeks but for grant purposes this would be calculated as one or two days, so you would still get the 4 months in Patagonia. It would affect residual expenses, for if you need them, you will need them for 6 weeks longer (or 12 if you returned by ship) than if you travelled by air.

    I hope this answers your problem.

Yours Sincerely,
Anthony Lasalles
DIRECTOR GENERAL

J.K. Williams, Esq,
22, Bolton Studios,
17b, Gilston Road,
London, S.W. 10.

102

Gaiman Clubut.   15.11.68
Dear Gwyn Harry a teulu
Tegfryn. Gracias me my
Welsh has swollt my head
I am struggling with my
ysgwaig "women" I have
even done a broadcast in
it on Radio Clubut. But
what a place — miles from
the end of the world + tack
on the way to nowhere.
Each side of the valley is
just nothing but desert
for endless miles. The
valley on first acquaintance

103

104

Meddai Kyffin am Batagonia: 'Roedd yn destun llawenydd darganfod popeth ym Mhatagonia mor gyffrous a gwahanol. Yr anifeiliaid, yr adar, y coed a'r blodau, dim ond y bobl yr un fath, yn ffodus. Teimlwn y gallwn fod wedi cyfarfod â nhw yn unrhyw le yng Nghymru, o Landudno i Abertawe.'
Kyffin, *A Wider Sky*

Kyffin writing about his visit to Patagonia: 'It was a joy to find everything in Patagonia so exciting and different. The animals, the birds, the trees, the flowers, only the people were happily the same. I felt I could have met them anywhere in Wales from Llandudno to Swansea.'
Kyffin, *A Wider Sky*

'Yr oedd ceisio cyfleu Patagonia yn symbylydd gweledol a aeddfedodd gelfyddyd Kyffin gan ei baratoi ar gyfer gyrfa hir a llwyddiannus, yn artist o bwysigrwydd cenedlaethol a rhyngwladol.
Felly mae Patagonia yn rhan o'n hanes ac yn rhan o'n presennol. Bu'n gymorth i greu un o'n hartistiaid mwyaf nodedig ac i'n dysgu amdanom ein hunain.'
Paul Joyner

Rhan o araith Paul Joyner, teyrnged i'r artist mawr, yn arddangosfa 'Gwladfa Kyffin', a agorwyd yn Llyfrgell Genedlaethol Cymru, 24 Medi, 2005. Cyhoeddwyd llyfr, Gwladfa Kyffin, i gyd-fynd â'r arddangosfa.

'Seeking to interpret Patagonia was a visual catalyst that matured Kyffin's art and prepared him for a long successful career as an artist of national and international importance.
Patagonia, therefore, is a part of our history and of our present. Patagonia helped to create one of our most noteable artists and has helped us to learn about ourselves.'
Paul Joyner

Extract from Paul Joyner's tribute to the great artist in one of Kyffin's last exhibitions, 'Gwladfa Kyffin', which opened at the National Library of Wales, 24 September, 2005. The book Gwladfa Kyffin was published to support the exhibition.

105

106

105/6. In Patagonia, Kyffin records that 'at a place named *Lle Cul* the Chubut River and the main irrigation ditch flowed side by side below the cliffs at the northern side of the valley'. It was here on a hot November day that Kyffin heard a barking sheepdog on a nearby farm, being admonished with the word "Paid" – don't or stop it.

    Shortly afterwards, Kyffin met the family who lived at the farm, the father and mother and their son, whose surname was Reynolds, and whose family had emigrated from Cardiganshire a century before. Kyffin noted that 'two fine horses stood in a rough corral below the desert cliff', hence his painting *Ceffyl yn Lle Cul* – Horse at Lle Cul – the horse owned by the Reynolds family.

105/6. Ym Mhatagonia, cofnoda Kyffin fod Afon Chubut a'r brif ffos-ddyfrio yn rhedeg ochr yn ochr â'i gilydd mewn lle o'r enw 'Lle Cul' islaw clogwyni ar ochr ogleddol y dyffryn. Yno ar ffarm gyfagos y clywodd Kyffin lais yn gweiddi "Paid, Paid" ar gi uchel ei gyfarthiad. Yn y man, cyfarfu â theulu'r fferm, y tad, a'r fam ac un mab – hwn oedd y teulu Reynolds, teulu a oedd wedi ymfudo o Gymru ganrif ynghynt – o Geredigion. Gerllaw porai dau geffyl mewn corlan ddigon cyntefig. Un o'r ceffylau hyn yw'r ceffyl yn *Ceffyl yn Lle Cul* – ceffyl y teulu Reynolds – ceffyl a lle sydd wedi eu hanfarwoli bellach!

107

107. Andrew Green, y Llyfrgellydd Cenedlaethol, Kyffin a Dr Paul Joyner, Pennaeth Uned Pwrcasu a Rhoddion y Llyfrgell Genedlaethol, yn ystod agoriad swyddogol yr Arddangosfa 'Gwladfa Kyffin' ym Modelwyddan.

109

107. Andrew Green, the National Librarian, Kyffin, Dr Paul Joyner, Head of the Purchasing and Donations Unit at the National Library, at the official opening of 'Kyffin in Patagonia' – a travelling exhibition at Bodelwyddan.

108

Gwladfa Kyffin

Kyffin in Patagonia

Arddangosfa deithiol
a drefnwyd gan Lyfrgell
Genedlaethol Cymru
*A travelling exhibition
organised by The National
Library of Wales*

110

111

110. Kenneth Griffith, yr actor adnabyddus o Ddinbych-y-pysgod, yn holi Kyffin yn ei stiwdio yn Llundain am ei luniau a'i baentiadau o Batagonia, ar gyfer rhaglenni i Deledu Harlech, *Etcetera ... Etcetera ...* (1970).

111. Kyffin yn dal un o'i luniau o fynwent ym Mhatagonia ar raglen Kenneth Griffith, *Etcetera ... Etcetera ...*

110. Kenneth Griffith, the well-known actor from Tenby, interviewing Kyffin in his London Studio for the Harlech Television Programme *Etcetera ... Etcetera ...*(1970).

111. Kyffin holding one of his ink wash paintings of a Patagonian graveyard for the programme *Etcetera ... Etcetera ...*

Bu Kyffin yn y Wladfa am bedwar mis, 1968/69.

Kyffin spent four months in Patagonia, 1968/69.

Amgueddfa'r Gaiman

'Mi euthum i Batagonia Gymreig i gofnodi'r tir, y bobl ac arweddau natur, fel y gwnâi arlunydd dyfrlliw o'r ddeunawfed ganrif. Ni fwriadwn gynhyrchu gweithiau celfyddyd ond pe digwyddai hyn drwy ryw hap, gorau oll. Bu'n rhaid i mi ddefnyddio cyfryngau newydd gan na allwn gludo olew gyda mi dros bellterau maith Chubut. Yn Llundain y gwneuthum y darluniau hyn a hwy yw gwir uchafbwynt fy ymweliad â gwlad sydd mor bell o Gymru, ac mor wahanol iddi.'

Rhagymadrodd Kyffin yn y llawlyfr o Arddangosfa o Luniau o Batagonia o Waith Kyffin, Eisteddfod Genedlaethol Bangor a'r Cylch, 1971.

113. Tegai Roberts, darlledwraig a Churadur yr Amgueddfa.

114. Luned Vychan Roberts de Gonzáles, prifathrawes.

Dwy chwaer a fu'n gymorth i Kyffin yn y Wladfa.

The Museum, Gaiman Patagonia

'I went to Welsh Patagonia purely to record the land, the people and the natural history, much as an eighteenth-century watercolourist would have done. I never intended to produce works of art but if this did happen by chance, it was all to the good. I had to use new mediums, since I could not carry oils with me over the vast distances of the Chubut. These paintings, done in London, are the real culmination of my visit and are my interpretation of a land so far from, and so different to, Wales.'

Part of Introduction in the catalogue of an Exhibition of Paintings of Patagonia by Kyffin, National Eisteddfod of Wales, Bangor 1971.

113. Tegai Roberts, Broadcaster and Museum Director.

114. Luned Vychan Roberts de Gonzáles, headmistress.

Two sisters who were of great assistance to Kyffin in Patagonia.

113   114

115

115. Yr olygfa o Drefelin tua Gorsedd y Cwmwl.

116. Machlud dros Ddyffryn Camwy.

117. Dyn a cheffyl yn yr anialwch.

115. Looking from Trevelin towards Gorsedd y Cwmwl.

116. Sunset over Dyffryn Camwy.

117. Man and horse in the desert.

116

117

118

119

120

118. Un o luniau camera gwych Kyffin.

119/20. Mae stori R. Bryn Williams, *Y March Coch*, yn rhan o'n chwedloniaeth ac wedi bod yn help i gadw'r ymwybyddiaeth o'r Wladfa yn fyw yng Nghymru.

118. Kyffin's brilliant camera work in Patagonia.

119/20. R. Bryn Williams' Patagonian story 'Y March Coch' is a part of Welsh folklore and has helped to keep the identity of Patagonia alive in Welsh minds.

Rhaeadr Cwmglas, Nant Peris.

Hafan Kyffin, Pwllfanogl   ## Kyffin's Haven, Pwllfanogl

121

Tud 76. Mynydd Parys.   *Page 76. Parys Mountain.*

122. Pwllfanogl, ei gartef.   122. Pwllfanogl, his home.

123. Y stiwdio.   123. The studio.

122

123

124

125

124. Lôn Pwllfanogl – y ffordd a fyddai'n atgoffa ymwelwyr o Batagonia am ffyrdd y Wladfa!

125. Bob haf, byddai Kyffin yn gadael ei gar y tu allan i'r garej ac yn gadael y drws ar agor i'r gwenoliaid gael nythu yno – bellach mae'r drws ynghau.

124. The road to Pwllfanogl according to Kyffin reminded Patagonian visitors of the roads back home!

125. Every summer, Kyffin would leave his car outside the garage and leave the garage door open, for the swallows to build their nests – now the door is closed.

Pwysigrwydd y lleol

The local is the real

126

Pwllfanogl, Llanfairpwllgwyngyll
Ynys Môn LL61 6PD
01248 714693

24.3.04

Dear Ura

So good to get your card. Would the Penrhos arms at about 1.0 on April 6th suit you? I hope so.

I hope your family the horses flourish.

Best wishes

Kyffin

P.S. Come here at about 12.40.

127   128

126/7. Roedd Kyffin yn llythyrwr toreithiog a byddai'n cyrchu i'r blwch postio coch yn Llanfairpwll yn gyson.

128. Tafarn Penrhos, Llanfairpwllgwyngyll, lle byddai Kyffin yn cael aml i bryd o fwyd.

126/7. Kyffin was a prolific letter writer and the red post box at Llanfairpwll was a regular destination.

128. Penrhos Arms, Llanfairpwllgwyngyll, where Kyffin had many a meal.

129

130

130. Kyffin a'i fab bedydd, Nicholas Sinclair.

130. Kyffin with his godson, Nicholas Sinclair.

131

129. Kyffin wrth ddrws ei stiwdio ym Mhwllfanogl.

129. Kyffin at the door of his studio at Pwllfanogl.

131. Pwrpas newydd i'r cyfeiriadur rhifau ffôn!

131. A highly original use for a telephone directory!

132

132/3. Pan symudodd Kyffin o Lundain i Bwllfanogl ym 1974, wedi ystyried gwahanol fannau yn gartref ac yn stiwdio – roedd yn rhaid cael y golau iawn mewn stiwdio ar gyfer ei waith – bu'n ddigon ffodus o dan arweiniad Ardalyddes Môn i ddarganfod Pwllfanogl, tŷ ym mherchnogaeth yr Ardalyddes ac Ardalydd Môn, tŷ mewn man preifat tawel ar lan y Fenai gyda phanorama o fynyddoedd Eryri o'i flaen. Roedd y tŷ wedi bod yn dafarn ar un adeg a'r adeiladau eraill gerllaw wedi cynnal diwydiant paratoi llechi yn 'llyfrau ysgrifennu' i ysgolion y wlad yn yr oesoedd cynt. Roedd un adeilad y tu ôl i'r tŷ yn berffaith – ar ôl iddo gael ei addasu – ar gyfer stiwdio. Yno yr ymgartrefodd Kyffin – dyma ei baradwys, dyma ei angor.

133

132/3. When Kyffin moved from London to Pwllfanogl, Anglesey, in 1974, he looked at many locations for a home and a studio – a studio where the light had to be right. Under the guidance of the Marchioness of Anglesey he was fortunate to be shown Pwllfanogl, a house in the ownership of the Marquess and the Marchioness – a house in a private, secluded location with the waters of the Menai Straits within a few feet of his front door and the magnificence of Eryri straight ahead of him. This was to be his home for 32 years. The house had been a tavern at one time and some of the buildings nearby had housed a small factory producing slate books for schools. The building behind the house, with some adaptations, was the ideal studio. This would be Kyffin's home and work area – this would be his haven, his anchor.

134. Kyffin ar yr aelwyd ym Mhwllfanogl. Y tu ôl iddo, y llechen gerfiedig gan Jonah Jones gyda'r geiriau isod:

134. Kyffin on the hearth at Pwllfanogl. Behind him the slate engraved by Jonah Jones – with the words below:

134

'Fel y brefa'r hydd am yr afonydd dyfroedd,
felly yr hiraetha fy enaid amdanat Ti, O Dduw.'

'As the hart panteth after the water-brooks,
so panteth my soul after Thee, O God.'

Canu clodydd – mawrygu'r enw

Singing his praises – mourning his loss

Kyffin

135

(Syr John Kyffin Williams, RA, Pwllfanogl, Ynys Môn, 1918-2006)

Ger Pwllfanogl, ar y Fenai,
Yn y dŵr yr oedd aderyn:
Alarch ydoedd, alarch claerwyn.

O Bwllfanogl, ger y Fenai,
Aethai oddi yno Kyffin;
Ni ddychwelai yno wedyn.

Mae y drws yn gaead yno,
Ac nid yw Kyffin yn ei stiwdio –
Dim arlunydd, dim arlunio.

Dacw gyffro mawr adenydd
Wrth i'r alarch dorri o'r dyfroedd,
A dyrchafu fry i'r nefoedd.

Ond gadawodd yn y meddwl
Ei bresenoldeb gwyn, rhyfeddol,
Fel darn o rywbeth sy'n dragwyddol.

Kyffin yntau a aeth ymaith;
Ond ni all t'wllwch du marwolaeth
Ddifa lliwiau ei fodolaeth.

Gwyn Thomas
Cyn-fardd Cenedlaethol Cymru
Former National Poet of Wales

o *A470*, Yr Academi, Tachwedd/Rhagfyr 2006

136

136. David Meredith yn cyflwyno copi o'i lyfr, *Kyffin in Venice*, i Kyffin ar yr aelwyd ym Mhwllfanogl (2006).

136. David Meredith presents Kyffin with a copy of his book *Kyffin in Venice* at Pwllfanogl (2006).

137

138

139

138/9. Perchnogion Pwllfanogl a chyfeillion a landlordiaid Kyffin, yr Ardalydd ac Ardalyddes Môn.

Fel yr ysgrifennodd Kyffin yn *A Wider Sky*: 'Dechreuais un o'r cyfnodau mwyaf boddhaol yn fy mywyd, fel tenant i Henry Paget, Seithfed Ardalydd Môn'.

138/9. Owners of Pwllfanogl and Kyffin's great friends and landlords, the Marquess and the Marchioness of Anglesey.

As Kyffin noted in *A Wider Sky*: 'I entered on one of the most satisfactory periods of my life as the tenant of Henry Paget, Seventh Marquess of Anglesey'.

Llethrau Nant Peris.

Kyffin a'r Oriel

Kyffin and Oriel Ynys Môn

140

141

142

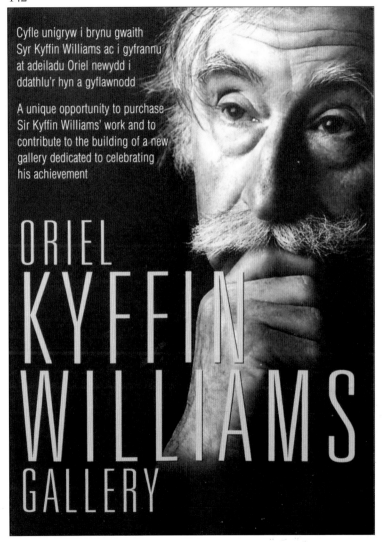

Cyfle unigryw i brynu gwaith Syr Kyffin Williams ac i gyfrannu at adeiladu Oriel newydd i ddathlu'r hyn a gyflawnodd

A unique opportunity to purchase Sir Kyffin Williams' work and to contribute to the building of a new gallery dedicated to celebrating his achievement

ORIEL KYFFIN WILLIAMS GALLERY

143

144

145

143. Kyffin yn ymweld ag Oriel Ynys Môn adeg arddangosfa *Portreadau* 1993.

143. Kyffin visiting Oriel Ynys Môn during the *Portraits* exhibition 1993.

144. Kyffin yn 2004 yn archifdy Oriel Ynys Môn yn trafod gyda'i gyfaill John Smith.

144. Kyffin in 2004 at the archive room at Oriel Ynys Môn discussing matters with his friend John Smith.

145. Agoriad swyddogol Oriel Ynys Môn gan Ei Mawrhydi y Frenhines, 25 Hydref, 1991. O'r chwith i'r dde: Maer Cyngor Bwrdeistref Môn, Goronwy Parry, y Frenhines, y Gwir Anrhydeddus Wyn Roberts AS a Kyffin.

145. Official opening of Oriel Ynys Môn by Her Majesty the Queen, 25 October, 1991. From left to right: the Mayor of Anglesey Borough Council, Goronwy Parry, the Queen, the Right Honourable Wyn Roberts MP and Kyffin.

146

147

148

146. Kyffin gyda swyddogion, arlunwyr a gwesteion yn Oriel Ynys Môn adeg arddangosfa *Tirwedd* 1995 – yn cynnwys Leon Gibson, yr Arglwydd Cledwyn Hughes, Dennise Morris, Peter Prendergast, Karel Lek, Keith Andrews a David Woodford.

146. Kyffin with officials, artists and guests at Oriel Ynys Môn during the *Landscape* exhibition 1995 – included are Leon Gibson, Lord Cledwyn Hughes, Dennise Morris, Peter Prendergast, Karel Lek, Keith Andrews and David Woodford.

149

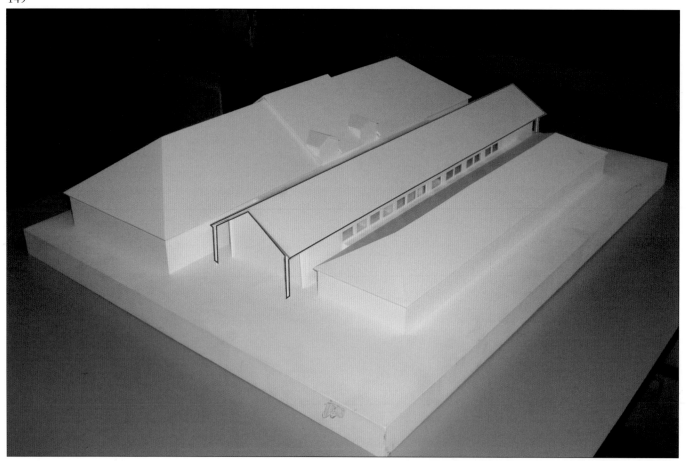

Cynlluniau Oriel
Kyffin Williams
Gallery model
Oriel Ynys Môn, Llangefni

150

Llanrhwydrus £250
Darlun inc • Ink drawing 14"x11" 37x28cm

Carmel £350
Darlun inc • Ink drawing 22"x17" 57x43cm

Môr garw yn Nhrearddur £400
Rough sea at Trearddur
Darlun dyfrliw • Watercolour drawing 22x17½" 57x45cm

Ffermwr
Darlun dyfrliw
Farmer
Watercolour drawing
17"x12" 57x45cm
£300

Erys Syr Kyffin Williams fel un o artistiaid enwocaf a mwyaf uchel ei barch yng Nghymru. Bu Oriel Ynys Môn yn ffodus iawn o gael Syr Kyffin Williams fel hyrwyddwr i'r celfyddydau ym Môn a bu'n gefnogwr brwd a gweithgar o waith yr Oriel ers ei hadeiladu bron i 15 mlynedd yn ôl.

Yn ei haelioni, rhoddodd Syr Kyffin Williams dros 400 o waith celf gwreiddiol a cherffluniau i Oriel Ynys Môn, o sgetsys i ddarluniau i waith olew sylweddol. Mae'r Oriel yn diogelu'r casgliad mawr a phwysig hwn â balchder arbennig, er budd pobl Môn a'i hymwelwyr.

Dymuna Oriel Ynys Môn ddathlu'r cyfraniad aruthrol a wnaed gan Syr Kyffin Williams i'r Oriel ac i'r celfyddydau yn gyffredinol. Rhoddodd Syr Kyffin Williams sêl bendith ar brosiect uchelgeisiol a chyffrous sy'n bwriadu sefydlu oriel arddangos ychwanegol ar safle Oriel Ynys Môn, o'r enw 'Oriel Kyffin Williams'. Bydd yr oriel newydd yn arddangos enghreifftiau o waith Syr Kyffin Williams o gasgliadau creiddiol Oriel Ynys Môn a chasgliadau eraill a fenthycwyd o leoedd eraill.

Sir Kyffin Williams remains as one of Wales' most celebrated and respected artists. Oriel Ynys Môn, Llangefni has been extremely fortunate in having Sir Kyffin Williams as an advocate for the arts on Anglesey and he has been an active and enthusiastic supporter of the work of the Gallery since its construction nearly 15 years ago.

Kyffin Williams generously donated over 400 original works of art and sculpture to Oriel Ynys Môn, ranging from sketches to drawings to major oils. The Gallery prides itself on this large and important collection which it holds for the benefit of the people of Anglesey and its visitors.

Oriel Ynys Môn wishes to celebrate the immense contribution made by Sir Kyffin Williams to the Gallery and the arts in general. Sir Kyffin Williams gave his seal of approval towards an ambitious and exciting project aimed at establishing an additional exhibition gallery on the Oriel Ynys Môn site, to be named the 'Kyffin Williams Gallery'. The new gallery will display examples of Sir Kyffin Williams' work from the Gallery's own collections and from collections borrowed from elsewhere.

YMDDIRIEDOLAETH SYR KYFFIN WILLIAMS
Rhif elusen: 1115684

Yn ddiweddar fe sefydlwyd Ymddiriedolaeth yn enw Syr Kyffin Williams er mwyn cefnogi'r prosiect o wireddu'r Oriel Kyffin Williams newydd. Bydd yr Ymddiriedolaeth yn mynd ati wedi hyn i hyrwyddo gwaith Syr Kyffin Williams mewn sawl maes ac yn annog datblygiad gwaith celf artistiaid ifainc yn benodol.

PRINTIAU KYFFIN WILLIAMS

Cynhyrchwyd 12 print newydd, a ddewiswyd o'r gwaith gwreiddiol a roddwyd i Oriel Ynys Môn gan Syr Kyffin Williams ei hun, fel modd i gynorthwyo'r ymgyrch i godi'r arian i adeiladu Oriel Kyffin Williams. Cynhyrchwyd y printiau gan Curwen Press, Caergrawnt, sef rhediad o 350 o bob print, oll wedi eu harwyddo'n bersonol gan yr artist.

Dyma gyfle unigryw i'r rhai sy'n mwynhau ac yn casglu celf i brynu peth o waith Syr Kyffin Williams, a'r un pryd cynorthwyo Oriel Ynys Môn ac Ymddiriedolaeth Syr Kyffin Williams i adeiladu Oriel bwrpasol yn enw'r artist arbennig hwn, a fydd yn ddathliad parhaol o'i lwyddiant ef.

THE SIR KYFFIN WILLIAMS TRUST
Charity number: 1115684

A Trust in Sir Kyffin Williams' name has recently been established to support the project of completing the new Kyffin Williams Gallery. The Trust will go on to promote the work of Sir Kyffin Williams in many areas and will encourage the development of young artists in particular.

KYFFIN WILLIAMS PRINTS

Twelve new prints, selected from the original works donated to Oriel Ynys Môn by Sir Kyffin Williams himself, have been produced to assist with raising the funds necessary to build the Kyffin Williams Gallery. Produced by Curwen Press, Cambridge each print has a limited edition run of 350, and individually signed by the artist himself.

This is an unique opportunity for art lovers and collectors to purchase some of Sir Kyffin Williams' work, and at the same time, assist Oriel Ynys Môn and the Sir Kyffin Williams Trust to build a new gallery in honour of this great artist, which will be a permanent celebration of his achievement.

Pentre Pella £400
Darlun dyfrliw • Watercolour drawing 20x17½" 57x44cm

Mynydd Bodafon £350
Darlun inc • Ink drawing 20x15½" 52x39cm

Bwthyn *Darlun dyfrliw*
Cottage *Watercolour drawing 21x16½" 55x42cm*

Moelfre £350
Darlun inc • Ink drawing 20x17" 51x43cm

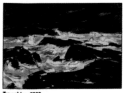

Trearddur £300
Darlun dyfrliw • Watercolour drawing 15x11½" 28x33cm

Caernarfon £400
Dyfrliw • Watercolour drawing 16x13" 41x33cm

Fedw Fawr £350
Darlun inc • Ink drawing 20"x16" 60x33cm

Aberffraw £400
Darlun dyfrliw • Watercolour drawing 20"x17½" 51x45cm

150. Taflen hysbysebu printiau Kyffin.   150. Brochure advertising Kyffin's prints.

93

Casgliad Tunnicliffe yn Oriel Ynys Môn

The Tunnicliffe Collection at Oriel Ynys Môn

151

152

Charles Tunnicliffe

Charles Tunnicliffe

151/2. Roedd Kyffin yn gyfaill agos i Charles Frederick Tunnicliffe, yr arlunydd adar. Trigai Tunnicliffe yn Sir Fôn hefyd, a pherswadiodd Kyffin yr Academi Frenhinol i gynnal arddangosfa o'i waith unigryw ym 1974. Pan fu farw Tunnicliffe ym 1981, roedd perygl i'w gasgliad lluniau gael eu gwerthu a mynd ar chwâl, ond drwy ymdrechion Kyffin a'i gyfeillion, a Chyngor Môn, arbedwyd y casgliad. Bymtheng mlynedd yn ddiweddarach, gyda Kyffin ar flaen y gad unwaith eto, sefydlwyd Oriel Ynys Môn i gadw gwaith Tunnicliffe a'i arddangos i'r cyhoedd.

151/2. Kyffin was a personal friend of Charles Frederick Tunnicliffe, who also lived in Anglesey. It was Kyffin who persuaded the Royal Academy in London to exhibit his work in 1974. Kyffin once said of Tunnicliffe's work, 'He paints dead birds', but he was a great admirer of his work. When Tunnicliffe died in 1981, Kyffin saved his remarkable collection for Anglesey and Wales, putting together an audacious bid with the help of influential friends and Anglesey County Council. Fifteen years later, Kyffin was again to the fore in bringing into being Oriel Ynys Môn in his home town of Llangefni, to give a home to Tunnicliffe's work and provide an exhibition area.

153

154

154. Llangwyfan.   154. Llangwyfan.

155

155. Ffermydd, Llanbadrig.   155. Farms, Llanbadrig.

153. Golygfa o arfordir Gorllewin Môn.   153. View of West Anglesey coastline.

Ei Sir Fôn, Dirion Dir   **His Beloved Anglesey**

156

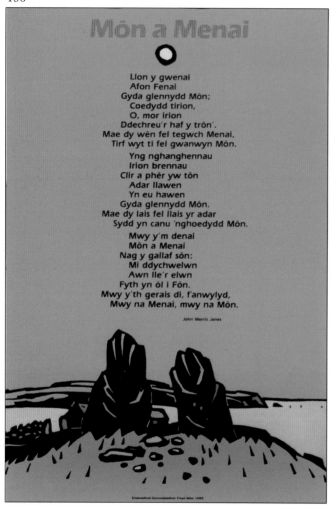

157

157. Kyffin gartref ym Mhwllfanogl.

157. Kyffin at home at Pwllfanogl.

158

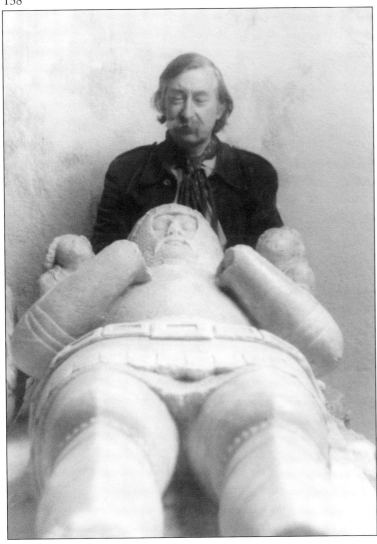

159

158. Kyffin yn Eglwys Penmynydd, Sir Fôn, yn gweld y cerflun carreg.

159. Brodorion Môn yn rhoi'r byd yn ei le.

158. Kyffin inspects the effigy at Penmynydd Church, Anglesey.

159. Men of Môn discussing matters.

160

161

161. O Barras.   161. From Barras.

162

160. Kyffin â'i enwog VW.   160. Kyffin and his famous VW.   162. Aberffraw.   162. Aberffraw.

Kyffin y cartwnydd   **Kyffin the cartoonist**

163.

163. O'r chwith i'r dde, yr Aga Khan, Prif Rabi Gwledydd Prydain, y Gwir Anrhydeddus Arglwydd Jakobovits, Mary Robinson, Llywydd Gweriniaeth Iwerddon, Kyffin a'r Athro Vaughan Jones yn derbyn gradd anrhydedd gan Brifysgol Cymru ym 1993. Derbyniodd Kyffin radd Doethor mewn Llên.

163. From left to right, the Aga Khan, Chief Rabbi of the UK, the Right Honourable Lord Jakobovits, Mary Robinson, President of the Irish Republic, Kyffin and Professor Vaughan Jones receiving an honorary degree from the University of Wales in 1993. Kyffin was awarded the D. Litt.

164

164. Yr oedd gan Kyffin synnwyr digrifwch ardderchog. Tra oedd yn Fenis yn ystod pryd min nos wedi diwrnod o ffilmio, treuliodd Kyffin a'r criw y noson yn llunio limrigau. Byddai'n targedu rhai gwleidyddion ac unrhyw un y barnai Kyffin ei fod yn hunan-bwysig – byddai hwnnw neu honno neu'r rheini yn sicr o fod yn darged!

165/166. Un gondola â thwristiaid ac un hebddynt!

164. Kyffin had a great sense of humour and delighted in writing outrageous, clever limericks. During his stay in Venice filming, he spent an evening over a meal with the film crew reciting limericks he had already written and writing new ones on the spur of the moment. Humbug was immediately targeted as were a few politicans!

165/166. One gondola with tourists and one without!

165

166

167

Crawshay Bailey thought he'd kill
Spanish bulls down in Seville.
The occasion over-awed him
For the bull it went and gored him

168

Cynlluniau Kyffin a'i ddylanwad

Kyffin's designs and influence

169

170

171

169. Logo i Oriel Ynys Môn.

169. Logo for Oriel Ynys Môn.

170. Logo ar gyfer poteli gwin Pant Teg, Llysfaen, Caerdydd.

170. Logo for Pant Teg Wine, Lisvane, Cardiff.

171. Cynllun clawr y nofel *Un Nos Ola Leuad*.
(Dywedodd Kyffin lawer gwaith mai dim ond proflen oedd hwn – yn ddiarwybod iddo rhuthrwyd y gwaith!)

171. Book cover design for *Un Nos Ola Leuad*.
(Kyffin always maintained that this was only a proof – that the design was surreptitiously rushed to print!)

172

173

173. Cerflun i ddathlu canmlwyddiant Cymdeithas Amaethyddol Frenhinol Cymru: y ffarmwr, ei gi a'i hwrdd.
    Gwelir y cerflun ar faes Sioe Frenhinol Cymru yn Llanelwedd, Llanfair-ym-Muallt. Ysbrydolwyd y cerflun o'r ffarmwr gan un o bortreadau Kyffin.

173. The sculpture unveiled in the centenary year of the Royal Welsh Agricultural Society: the farmer, his dog and his ram.
    The sculpture of the farmer was inspired by one of Kyffin's paintings of a farmer.

172. Caniataodd Kyffin ddefnydd o'i lun *Ffarmwr yn y Storm* ar gyfer cryno-ddisg Cymdeithas Amaethyddol Frenhinol Cymru, pan oedd y Gymdeithas yn dathlu ei chanmlwyddiant yn 2004.

172. Kyffin allowed the use of his ink wash *Farmer in the Storm* for the cover of a CD by the Royal Welsh Agricultural Society during its centenary celebrations, 2004.

Y canwr a'r arlunydd

The singer and the artist

174

175

Which Way
To Kyffin

176

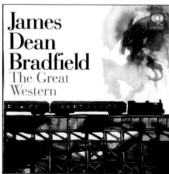

177

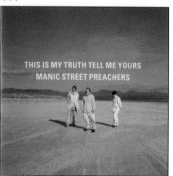

174. James Dean Bradfield a Kyffin ger y cerflun *Morwyn y Môr*.

175/6/7. Roedd James Dean Bradfield, prif leisydd y grŵp pop Manic Street Preachers, yn un o edmygwyr mwyaf Kyffin. Yn 2006 ymwelodd ef a'i wraig Myléne â Kyffin ym Mhwllfanogl. Cyfansoddodd gân am y profiad, 'Which Way to Kyffin'. Roedd yr ymweliad wrth fodd Kyffin.

174. James Dean Bradfield and Kyffin view *Sea Maiden*.

175/6/7. James Dean Bradfield, lead singer of the pop group Manic Street Preachers, greatly admired Kyffin and his work. In 2006, James and his wife Myléne visited Kyffin at Pwllfanogl. James wrote a song inspired by the visit, 'Which Way to Kyffin'. Kyffin thoroughly enjoyed their visit.

178

179

178/9. Derbyniodd cyfaill Kyffin, Ivor Roberts Jones, gomisiwn i lunio cerflun er cof am Churchill. Roedd Ivor mewn penbleth un diwrnod. 'Doedd ganddo yr un gôt ryfel ar gyfer ei modelu, ond daeth Kyffin i'w achub. Roedd ganddo hen gôt ryfel yn ei fan. Safodd yn y gôt i'w modelu i Ivor, felly côt Kyffin yw côt y gŵr mawr yng nghanol Llundain.

178/9. Kyffin's friend, Ivor Roberts Jones, accepted a comm-ission to prepare a sculpture of Winston Churchill. One day at his studio, Ivor had a dilema. He did not have an army grey coat to complete his sculpture. Kyffin came to the rescue – he had a grey coat in his van! Kyffin modelled the coat for Ivor. Churchill is wearing Kyffin's coat in Westminster, London!

Eryri.

Kyffin a'r ceffyl

Kyffin and the horse, on location

180

181

182

Tudalen 108. Castell Caernarfon.

180. Roedd Kyffin yn hoff iawn o geffylau. Derbyniodd wahoddiad gan Myfanwy ac Ifor Lloyd i Derwen, Ynys-hir, Pennant, Aberystwyth, i baentio un o'u hoff geffylau.

181. Kyffin yn astudio'r ceffyl ar y buarth.

182. Myfanwy ac Ifor Lloyd gyda Kyffin yng ngardd Pwllfanogl, wrth gerflun David Williams-Ellis, *Morwyn y Môr*.

Page 108. Caernarfon castle.

180. Kyffin was very fond of horses. He accepted Myfanwy and Ifor Lloyd's invitation to visit Derwen, Ynys-hir, Pennant, Aberystwyth, home of the famous *Derwen Stud*, to paint of one of their favourite horses.

181. Kyffin studying the horse on the farmyard at Pennant.

182. Myfanwy and Ifor Lloyd at Pwllfanogl with David Williams-Ellis's sculpture, *Sea Maiden*.

183

184

183. Braslun cychwynnol.

184. Kyffin yr arlunydd ar fuarth Ynys-hir, Pennant.

185. Kyffin yn y stiwdio gyda Myfanwy Lloyd a'i mab Dyfed.

183. Preliminary sketch.

184. Kyffin sketching at Ynys-hir, Pennant.

185. Kyffin in the studio with Myfanwy Lloyd and her son, Dyfed.

185

Kyffin yr Ysbrydolwr a'r Portreadwr

Kyffin, Inspirer and Portrait Artist

186

187

186/7. Yma gwelir plant Ysgol Gynradd Casmael yn astudio gwaith Kyffin.

Tystia Alun Ifans, Prifathro Ysgol Casmael, Sir Benfro, fod Kyffin wedi bod yn hynod o hael wrth yr ysgol yn cyfrannu printiau o'i waith ar gyfer eu casgliad lluniau.

Byddai Kyffin yn croesawu dosbarthiadau o blant a'u hathrawon i ymweld ag o ym Mhwllfanogl. Ystyriai Kyffin brintiau o'i ddarluniau yn arf pwysig o safbwynt lledaenu gwybodaeth am fyd celf. Roedd yn athro ar hyd ei oes.

186/7. Children from Puncheston School studying Kyffin's work from their art collection.

Alun Ifans, Headmaster of Puncheston Primary School, Pembrokeshire, bears witness to Kyffin's generosity to the school contributing prints of his work to their comprehensive art collection.

Kyffin would regularly welcome teachers and schoolchildren to visit his home at Pwllfanogl, and he would distribute prints of his work believing passionately that prints of drawings and paintings were important artistic tools to enhance art appreciation. He was a teacher all his life.

188

189

190

188. Taid.

189. Ei frawd Dick.

190. Gwilym Iestyn Owen.

Elis Gwyn yn trafod portread Kyffin o Gwilym Iestyn Owen, *Taliesin*, Nadolig 1987, ac yn dyfynnu Gwilym:

''Dw i'n cofio be fyddwn i'n licio gael. Roedd gynnyn nhw ryw swis rôl mwya rhyfeddol, a phaned o de dda. Hanner coron, panad o de, a'r swis rôl, y swis rôl yn fwy o werth na'r ddau arall efo'i gilydd.' Dyma fel y mae Gwilym yn blasu'r cof amdano'i hun yn mynd i eistedd i Kyffin baentio'r portread ohono. Golygodd hynny dri ymweliad o ddwyawr ar y tro, a'r un oedd y wobr heb eithriad. Enillodd yr arlunydd yntau wobr am y portread mewn cystadleuaeth yn y Slade, a dyna ddechrau ei yrfa fel portreadydd (26 oed oedd Kyffin yn paentio hwn).

188. Taid.

189. His brother Dick.

190. Gwilym Iestyn Owen (painted when Kyffin was 26).

Elis Gwyn writing about Kyffin's Gwilym Iestyn Owen portrait and quoting Gwilym. (*Taliesin*, Christmas 1987):

'I remember what I liked to have. They had a very peculiar Swiss roll and a good cup of tea. Half a crown, a cup of tea and the Swiss roll, and the Swiss roll was more valuable than the other two put together.' That's how Gwilym fondly recalls how he would sit for Kyffin to have his portrait painted. This meant three visits, of two hours at a time, and always the same award. The artist won a prize at the Slade for his portrait, and this was the beginning of his career in portrait painting.

191

191. 'Cyn diwedd y saithdegau comisiynwyd Kyffin Williams i baentio portread o Syr Thomas Parry, yr ysgolhaig a'r llenor. Gwahoddwyd Syr Ben Bowen Thomas a minnau i gael golwg ar y gwaith gorffenedig. Yn ei stiwdio ym Mhwllfanogl, gosododd Kyffin y cynfas ar yr isl. Ni ddywedwyd yr un gair. Ymhen hir a hwyr, meddai Syr Ben: '... dyna Tomos ar ei ben.'

Nid yn unig yr oedd ynddo debygrwydd – mater pwysig i bob portreadydd – ond yr oedd fel petai cymeriad Syr Thomas yn pelydru o'r cynfas. Yr oedd yn sicr yn waith o wir gelfyddyd.'

Llion Williams
Cyn-gyfarwyddwr Cymdeithas Gelfyddydau
Gogledd Cymru

O lyfryn Oriel Ynys Môn ar bortreadau

191. 'In the late 1970s Kyffin Williams was commissioned to paint a portrait of Sir Thomas Parry, the great Welsh scholar. Sir Ben Bowen Thomas and myself were invited to a review of the finished work. In his studio in Pwllfanogl, Kyffin Williams lifted the canvas on to the easel. Not a word was spoken. After what seemed like an eternity, Sir Ben exclaimed: 'He's caught Thomas perfectly.'

Not only was it a likeness – a matter of concern to all portrait painters – but the very character of Sir Thomas seemed to radiate from the canvas. It was indeed a true work of art.'

Llion Williams
Former Director North Wales Arts Association

From Oriel Ynys Môn booklet on Portraits

'*Mae ei bortreadau nid yn unig yn llawn angerdd a thensiwn, ond mae ynddynt ddynoliaeth a chadernid. Dyma'r nodweddion sy'n tarddu o gymeriad yr artist ei hun.*'

Llion Williams
Cyn-gyfarwyddwr Cymdeithas
Gelfyddydau Gogledd Cymru

'*The portraits of Kyffin Williams are highly charged with passion and tension but also have great humanity and strength. These same qualities emanate from the character of the artist himself.*'

Llion Williams
Former Director
North Wales Arts Association

192

193

192. Alun Llywelyn-Williams, bardd, llenor, a chyfaill.

193. Alun Oldfield Davies. Rheolwr BBC Cymru.

192. Alun Llywelyn-Williams, poet, literary figure, and friend.

193. Alun Oldfield Davies, Controller BBC Wales.

194

195

194. Yn 1983, comisiynwyd Kyffin gan HTV Cymru i baentio llun o Kate Roberts yn ei henaint. Euthum gyda Kyffin i'w thŷ yn Ninbych. Cyflwynodd HTV y gwreiddiol i'r Llyfrgell Genedlaethol yn Aberystwyth. Golygydd

194. In 1983, HTV Wales commissioned Kyffin to paint the portrait of Kate Roberts. I travelled with Kyffin to Kate Roberts' home in Denbigh. The subsequent portrait was presented to the National Library. Editor

195. Dr Huw T. Edwards, Prif Weinidog answyddogol Cymru.

195. Dr Huw T. Edwards, Wales' unofficial Prime Minister.

Kyffin ar glogwyni Llanddwyn.

Kyffin a'r Gymraeg

'I paint in Welsh' – Kyffin 2006

196

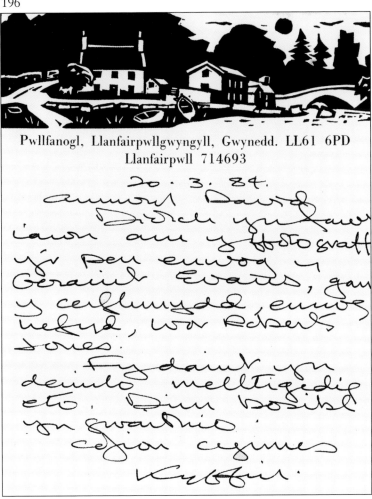

197

197. Cerflun o
Syr Geraint
Evans gan Ivor
Roberts Jones.

197. Bronze
sculpture of Sir
Geraint Evans by
Ivor Roberts
Jones.

198

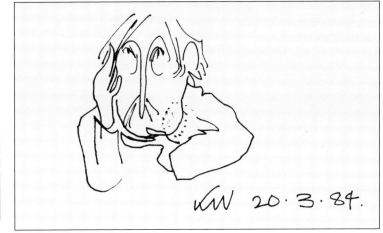

Anrhydeddau

Honours

199

199. Kyffin yn derbyn yr OBE.

199. Kyffin receiving the OBE.

200

200. Derbyniodd Kyffin Fedal Anrhydeddus Gymdeithas y Cymmrodorion ar Hydref 19, 1991, mewn seremoni yn y Llyfrgell Genedlaethol yn Aberystwyth. Y cyflwynydd oedd Ei Anrhydedd y Barnwr Dewi Watkin Powell, MA.

200. Kyffin received the Medal of the Honourable Society of Cymmrodorion in a ceremony at the National Library of Wales, Aberystwyth, on October 19, 1991. The presenter was His Honour Judge Dewi Watkin Powell, MA.

201

201. Kyffin ar ymweliad â MOMA Cymru, y Tabernacl, Machynlleth, i drafod eu cynllun newydd cyffrous, y Tanerdy. Disgwylir arddangos casgliad Patagonia Kyffin yma drwy drefniant gyda Llyfrgell Genedlaethol Cymru.

201. Kyffin on a visit to MOMA Cymru, Wales, the Tabernacle, Machynlleth, to discuss their new exciting proposals for the Tannery. It is proposed to exhibit Kyffin's Patagonian collection here in consultation with the National Library of Wales.

O'r chwith i'r dde – left to right:
George Wemys, Llywydd/President, Juliet Ramsbotham, Kyffin, Ruth Lambert, Cadeirydd Ymddiriedolaeth y Tabernacl, Machynlleth/Chairman of Machynlleth Tabernacle Trust, Tom Rees Cadeirydd/Chairman, Hugh Ramsbotham, Capten/Captain Richard Lambert, Ysgrifennydd/Secretary.

202

203

202/203. Derbyniodd Kyffin Wobr Glyndŵr gan Ymddiriedolaeth y Tabernacl, Machynlleth, ym 1995. Yn y llun, Kelvin Jenkins, cynllunydd y fedal, a Kyffin.

202/203. In 1995 Kyffin received the Glyndŵr Award by the Machynlleth Tabernacle Trust. Pictured, Kelvin Jenkins, medal designer, and Kyffin.

204

205

204/5. Y diweddar Athro Bedwyr Lewis Jones yn cyflwyno Kyffin i dderbyn anrhydedd gan Brifysgol Cymru, Bangor.

204/5. The late Professor Bedwyr Lewis Jones presenting Kyffin to receive an honour by the University of Wales, Bangor.

206

206. Derbyn Gradd Doethor mewn Llên ym 1993 gan Brifysgol Cymru drwy law ei Uchelder Brenhinol, y Tywysog Siarl.

Hefyd yn y llun, yn y rhes gefn, o'r chwith i'r dde: Mary Robinson, Llywydd Gweriniaeth Iwerddon, a'r Aga Khan.

206. Kyffin receiving an Honorary D. Litt. from the University of Wales in 1993, presented by his Royal Highness Prince Charles.

Also in the picture, in the back row, left to right: Mary Robinson, President of the Irish Republic, and the Aga Khan.

Creigiau Môn.

Ar dân dros y Celfyddydau

Supporting the Arts

207

Tudalen/Page 126. Penrhyn Mawr, Aberffraw.

208

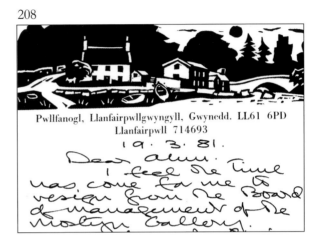

209

209. Yr Athro Emeritws, Alun Llywelyn-Williams, Cyfarwyddwr Adran Efrydiau Allanol Prifysgol Cymru Bangor a chydweithiwr i Kyffin ym maes celfyddyd.

209. Emeritus Professor Alun Llywelyn-Williams, Director of Extra-mural Studies at University of Wales, Bangor, and a collaborator with Kyffin in the arts world.

210

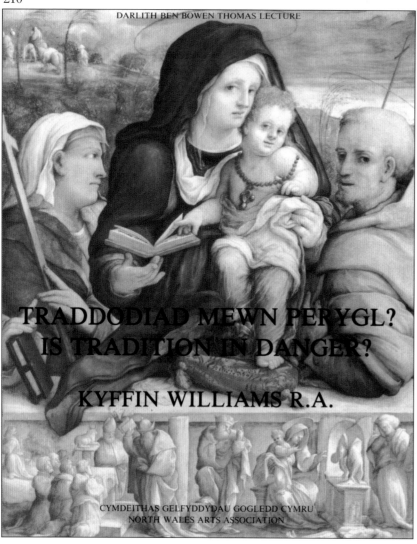

DARLITH BEN BOWEN THOMAS LECTURE

TRADDODIAD MEWN PERYGL?

IS TRADITION IN DANGER?

KYFFIN WILLIAMS R.A.

CYMDEITHAS GELFYDDYDAU GOGLEDD CYMRU
NORTH WALES ARTS ASSOCIATION

210. Gweithiodd Kyffin yn ddygn dros y Celfyddydau yn lleol, yn rhanbarthol ac yn genedlaethol. Gwasanaethodd ar bwyllgorau'r Amgueddfa Genedlaethol a Chymdeithas Gelfyddydau Gogledd Cymru. Rhoddodd o'i ddysg a'i ddawn yn helaeth i hybu gweithgaredd orielau celfyddydol a gweithgaredd celf mewn ysgol a choleg. Bu'n ysbrydoliaeth i unigolion a grwpiau. Roedd yn ddarlithydd penigamp ac yn ysgrifennwr meistrolgar. Roedd yn eithriadol o sylwgar ac yn hynod o wybodus, y math o wybodusrwydd na wnâi i neb arall deimlo'n dwp. Bu mewn llawer brwydr eiriol gan na fyddai fyth yn cyfaddawdu ynglŷn â'r gorau ym myd celf. Condemniai'r tueddiad modern i roi arian mawr i sothach fel gwely anniben neu gwt pren, gan gyffelybu tueddiadau o'r fath i daflu arian i'r môr o greigiau Môn!

210. Kyffin worked relentlessly to further artistic endeavours locally, regionally and nationally. He served on Committees of the National Museum of Wales and the North Wales Association for the Arts. He gave freely of his artistic expertise to further the cause of art galleries and art activities in schools and colleges. He was an inspiration to individuals and groups. He was a dynamic lecturer and an extremely able and attractive writer. He was a man of keen observation and extremely knowledgable, without ever being patronising in the presence of lesser mortals. He fought many verbal battles and condemned the modern tendency to give huge grants to unmade beds and garden sheds, likening such tendencies to throwing money into the sea from an Anglesey cliff!

Amgueddfeydd ac Orielau

Museums and Galleries

211. Ym 1987 cynhaliwyd arddangosfa adolygol o waith Kyffin yn yr Amgueddfa Genedlaethol yng Nghaerdydd, arddangosfa wedi ei threfnu gan yr Amgueddfa ac Oriel y Mostyn yn Llandudno. Noddwyd yr arddangosfa gan HTV a Banc Barclays. Wedi cyfnod yng Nghaerdydd, teithiodd yr arddangosfa i wahanol rannau o Gymru.

Llun: Cwmglas (ITV Cymru).

211

Kyffin Williams R.A.

Amgueddfa Genedlaethol Cymru   National Museum of Wales
Oriel Mostyn   Mostyn Art Gallery

Mostyn Art Gallery

Oriel Mostyn

211. In 1987 a retrospective exhibition was held of Kyffin's work at the National Museum of Wales in Cardiff, organised by the National Museum and the Mostyn Art Gallery. The exhibition was sponsored by HTV and Barclays Bank. A total of 132 paintings and drawings were exhibited. The exhibition was later to tour to different parts of Wales.

212

213

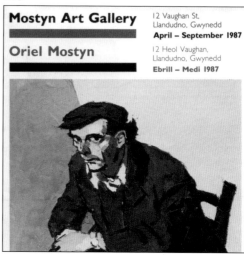

214

214. Oriel Plas Glyn y Weddw, Llanbedrog.

212/3/4. Bu Kyffin yn gefn i orielau celf Cymru, orielau fel Oriel Pen-y-Fan, Aberhonddu, Glyn y Weddw, Llanbedrog, Y Mostyn, Llandudno, yn ogystal â'r tair oriel a fu'n ganolog i'w fywoliaeth, Tegfryn, Porthaethwy, Oriel yr Albany yng Nghaerdydd a'r Thackeray yn Llundain. Bu'n Llywydd yr Academi Frenhinol Gymreig ar ddau gyfnod. Enwir un o ystafelloedd arddangos Oriel Plas Glyn y Weddw yn Oriel Kyffin Williams.

212/3/4. Kyffin gave great support to art galleries in Wales, such as Oriel Pen-y-Fan, Brecon, Glyn y Weddw, Llanbedrog, the Mostyn Art Gallery, Llandudno, as well as the galleries which became central to his livelihood, Tegfryn (Menai Bridge), the Albany Gallery, Cardiff, and the Thackeray Gallery at London. He was twice President of the Royal Cambrian Academy. An exhibition room at Plas Glyn y Weddw is named Oriel Kyffin Williams.

215

216

Paintings, Water Colours and Drawings

by

KYFFIN WILLIAMS R.A.

TEGFRYN ART GALLERY

Cadnant Road,

Menai Bridge.

September 8th to 25th 1976

Once again Gwyn and Harry Brown have been kind enough to allow me to have a one-man show in their Gallery, a Gallery that is becoming well-known far beyond the borders of Wales.

It is very important for a Welsh painter to show in Wales, not only because he is part of Wales, but also because he has a chance of earning his living in his own country. The Tegfryn Gallery therefore plays a very important part in Welsh artistic life.

My chief concern, as an artist, has been that I should improve year by year and not necessarily change. Alas at the age of 58 artists do not usually improve, so all I can hope is that I have not got worse. A persistant fear of deterioration has been with me since I started painting 35 years ago.

All these works on show are new, apart from the portrait of the little Patagonian girl, and people may see a slight change in the greater number of watercolours than in previous exhibitions. It must not be assumed that this is due to a lack of vigour; it is in fact not so easy to keep a stock of oil paint in Anglesey as it was in London.

Kyffin Williams.

215/6. Kyffin a Mrs Gwyn Brown yn Oriel y Tegfryn, Porthaethwy, yn sgwrsio a pharatoi ar gyfer un o arddangosfeydd Kyffin. Yma yr arddangoswyd paentiadau Kyffin wedi ei ymweliad â Fenis yn y nawdegau.

215/6. Kyffin and Mrs Gwyn Brown at the Tegfryn Gallery, Menai Bridge, Anglesey, preparing for one of Kyffin's exhibitions.

217

218

217/8. Kyffin yn sgwrsio gyda'i edmygwyr yn Oriel y Tegfryn, Porthaethwy.

217/8. Kyffin chats with his admirers at the Tegfryn Gallery, Menai Bridge.

219

[handwritten Welsh note]

Nadolig Llawen.
i bawb yn Degfryn
a Blwyddyn newydd
dda hefyd
oddiwrth.
Kyffin o Fôn.

220

A part of
TEGFRYN GALLERY
will be devoted to an exhibition of some of
the latest drawings and water colours of

Kyffin Williams R.A.

From DECEMBER 7th to 21st   *1974*
There will be no private viewing
Open daily 10 a.m. to 6 p.m.

We hope you will be able to come and enjoy
the exhibition

Telephone Menai Bridge 712437

219. Cyfarchion Nadolig
oddi wrth Kyffin i bawb
yn Nhegfryn.

220. Cerdyn
arddangosfa.

219. Christmas greetings
to all at Tegfryn and a
Happy New Year –
Kyffin of Anglesey.

220. Exhibition card.

221

222

223

Cyfarchiad gwreiddiol iawn o Batagonia, 1968.   Highly original greetings from Patagonia, 1968.

224

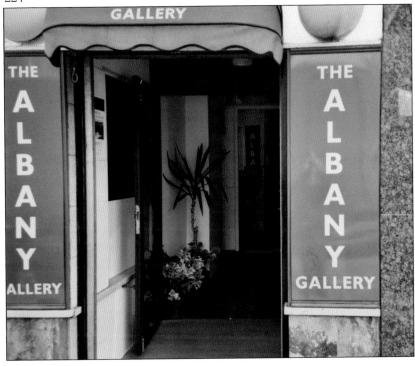

225

THE ALBANY GALLERY ©2004

226, tudalen 136.

Kyffin â thri o bobl a chwaraeodd ran flaenllaw yn ei fywyd.

O'r chwith i'r dde: Annwen a Bengy Carey-Evans a Mrs Mary Yapp. Paentiodd Kyffin bortread gafaelgar o Anwen Carey-Evans yn Llundain ym 1960. Arferai Kyffin, pan oedd yn blentyn, farchogaeth heibio i daid Bengy Carey-Evans, gŵr nid anenwog o'r enw Lloyd George. Bu Mrs Mary Yapp, perchennog Oriel yr Albany yng Nghaerdydd, â rhan flaenllaw iawn yn ei yrfa fel arlunydd masnachol hynod o lwyddiannus.

226, page 136.

Kyffin with three people who played a prominent part in his life.

From left to right: Annwen and Bengy Carey-Evans and Mrs Mary Yapp. Kyffin painted a brilliant portrait of Anwen Williams (as she then was) in London in 1960. Mrs Mary Yapp, owner of the Albany Gallery, Cardiff, had a central role to play in exhibiting and selling Kyffin's drawings and paintings.

227

228

2.5

KYFFIN WILLIAMS R.A.

11th October - 9th November 2002

AT

THE Albany GALLERY

74b Albany Road, Cardiff CF24 3RS

Tel: 029 2048 7158 Fax: 029 2048 9158
E-mail: albanygallery@btinternet.com
www.albanygallery.co.uk

**Gallery open
Mon - Sat 10.00am to 5.oopm**

The Kyffin Williams exhibition moves to
Oriel Plas Glyn-y-Weddw, Llanbedrog, Pwllheli, Gwynedd LL53 7TT
Tel: 01758 74O763   Fax: 01758 740232
E-mail: enquiry@oriel.org.uk
www.oriel.org.uk

**15th NOVEMBER - 4th DECEMBER 2002
The Gallery is open daily, (except tuesday) 11.00am - 5.oopm**

227/8. Kyffin yn un o'i arddangosfeydd
llwyddiannus yn Oriel yr Albany, Caerdydd.

227/8. Kyffin at one of his highly successful
exhibitions at the Albany Gallery, Cardiff.

229

230

230. Sarah Macdonald-Brown, rheolwraig Oriel y Thackeray.

231. William Selwyn a'i wraig (chwith, canol) a gwesteion yn y Thackeray, Llundain.

231

230. Sarah Macdonald-Brown, director of the Thackeray Gallery.

231. William Selwyn and his wife (centre left) with guests at the Thackeray Gallery.

232

In Memory
KYFFIN WILLIAMS
(1918-2006)

PRIVATE VIEW

Tuesday 24th April 2007
6pm – 8.30pm

This non-selling exhibition continues until Friday 11th May 2007.

THACKERAY GALLERY
18 THACKERAY STREET
KENSINGTON SQUARE
LONDON W8 5ET

Tel: 020 7937 5883 Mob: 07989 393 373
email: thackeraygallery@aol.com website: www.thackeraygallery.com

Open: Tuesday to Friday 10am – 6pm, Saturday 11 – 4pm

233

233. Gwesteion yn yr arddangosfa deyrnged yn Oriel y Thackeray yn Llundain.

233. Guests at the 'Private View' in memory of Kyffin, Thackeray Gallery, London.

As the waves break over the sand.

Pan dyr y don ar dywod.

234

235

234. Kyffin a Dr R. Brinley Jones, Llywydd y Llyfrgell Genedlaethol, yn sgwrsio yn y Llyfrgell yn Aberystwyth.

234. Kyffin and Dr R. Brinley Jones, President of the National Library, discuss matters at Aberystwyth.

235. Kyffin â'i bortread gwych o'r diweddar Syr Dafydd Hughes Parry.

235. Kyffin with his brilliant portrait of the late Sir David Hughes Parry.

Tudalen 142. Eglwys Clynnog.

Page 142. Eglwys Clynnog.

143. Llyfrgell Genedlaethol Cymru.

143. National Library of Wales.

Dathlu'r Wyth Deg   Mai 9 1998 May 9   Celebrating his Eightieth Birthday

Cân Ysgafn i Ddathlu Pen-blwydd

(Light Verse to Celebrate a Birthday)

Rwyf i'n adnabod artist ymhell
    Dros bedwar-ugain oed,
Ac arian yn ei lygaid
    Na phylodd ddim erioed.

Arlunydd cenedlaethol
    Mwstashog mwya' Môn,
A'i luniau ers hanner canrif
    Yn creu'r fath sŵn a sôn.

Diflewyn ydyw tafod
    Y marchog chwyrn ei farn:
Pob nonsens celfyddydol
    Sydd dan ei draed yn sarn.

Ar grefft y mae ei bwyslais,
    Ar grefft i dynnu'r llun
A wêl y mawr ddychymyg
    Sy'n cyfoethogi dyn.

A dyna pam mae'r bobl
    Yn dwlu ar ei waith:
Rhoes inni wefr a chyffro
    O'r Wyddfa lawr i'r Paith.

Derec Llwyd Morgan

236

236. O'r chwith i'r dde: Dr R. Brinley Jones, Llywydd y Llyfrgell Genedlaethol, yr Athro Derec Llwyd Morgan a Kyffin, ar achlysur dathlu pen-blwydd Kyffin yn 80 oed.

236. From left to right: Dr. R. Brinley Jones, President of the National Library of Wales, and Professor Derec Llwyd Morgan and Kyffin, celebrating Kyffin's eightieth birthday at the Library.

237

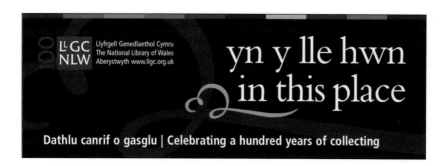

Rhan o Anerchiad Dr R. Brinley Jones, Llywydd y Llyfrgell Genedlaethol, mewn arddangosfa arbennig o waith Kyffin wedi ei farwolaeth ym Medi 2006, yn Oriel yr Albany yng Nghaerdydd.

'Roedd Syr Kyffin yn un o'r rhai mwyaf hael ei roddion yn hanes y Llyfrgell. Yn ystod ei oes, rhoddodd gannoedd o weithiau gwreiddiol i'r Llyfrgell. Gadawodd y gweddill o'i waith ar bapur ac ar ganfas i'r Llyfrgell. Yn ychwanegol, y mwyafrif o'i gasgliad celf a'i bortreadau teuluol – rhai'n dyddio'n ôl i'r ddeunawfed ganrif. Y mae gan y Llyfrgell yn awr archif godidog o waith Syr Kyffin, yn cynnwys ei ddyddiaduron, llythyrau, papurau, nodiadau, ei ffotograffau a'i sleidiau. Ni sylweddolwyd yn llawn hyd yn awr fod ganddo lygad am lun da, gan gynhyrchu lluniau camera cofiadwy. Y mae gan y Llyfrgell yn awr gannoedd lawer o ddyfrlliwiau gan Syr Kyffin ac ymhell dros gant o baentiadau olew. Y casgliad yma ym meddiant y Llyfrgell yw'r casgliad mwyaf o gelf Kyffin yn y byd. Mae hyn mor briodol gan y carai Kyffin y Llyfrgell, a chefnogai hi ymhob dull posibl.'

Part of a speech given by Dr R. Brinley Jones, the President of the National Library of Wales, at a special exhibition and sale of Kyffin's work at the Albany Gallery, Cardiff, held after his death in September 2006.

'Sir Kyffin was one of the most generous benefactors in the history of the Library. He donated hundreds of original works of art in his lifetime. He bequeathed his remaining works on paper and canvas to the Library. In addition, the majority of his art collection and his family portraits, which stretch back to the 18th century. The Library now has a magnificent archive of the works of Sir Kyffin, including his diaries, letters, manuscripts, notes; his photographs and slides. Something that has been underestimated up until now was the fact that he had a fine eye for a photograph and produced many memorable images. The Library now has many hundreds of watercolours by Sir Kyffin and well over a hundred oils, making ours the largest collection of his art in the world. This is all very appropriate, because he loved the Library and supported it in any way he could.'

Kyffin yn mwynhau haul a haelioni yng Ngheredigion

Kyffin with friends in Ceredigion

238

239

'Kyffin YW ei waith. Gwelwn ei angerdd a'i gariad tuag at ei bobl, tirlun a morlun, yn ymwáu'n grefftus drwy ei waith. Trwy ei ddelweddau unigryw o'r werin, tir a môr, y diffiniodd Kyffin yn barhaol ei gariad tuag at Ogledd Cymru.'

Ann Rhys a Glyn Rhys

238/9. Kyffin gyda'i gyfeillion triw, Dr Ann Rhys a Dr Glyn Rhys. a'u geiriau o glod.

'Kyffin IS his work. We see his passion and love for his people, landscape and seascape, skilfully blended in his art. It is through his incomparable images of 'y werin', land and sea that Kyffin has indelibly defined his love of North Wales.'

Ann Rhys and Glyn Rhys

238/9. Kyffin finds solace with his friends, Dr Ann Rhys and Dr Glyn Rhys, and their words of praise.

Concro Fenis   **Conquering Venice**

240

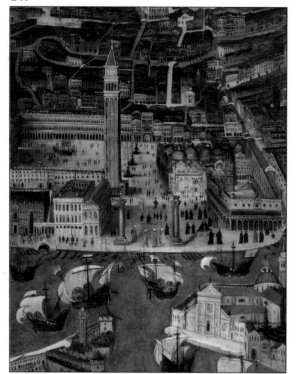

2003 – Gwireddu Breuddwyd – Nodiadau Fenis – Golygydd

Dydd Llun: Te a thôst, gwesty Tynycornel, Talyllyn. John Hefin a minnau. Syniad gwych – mynd â Kyffin i ddinas Fenis. Kyffin mewn Gondola ar y Gamlas Fawr.
Dydd Gwener: Kyffin yn cytuno. Yn barod i ddod. Cwmni Fflic (bellach yn rhan o Grŵp Boomerang) o Gaerdydd yn flaengar fel erioed ac yn barod i wneud y rhaglen dan ofal Gwenda Griffith. Gwenda yn bwrw ymlaen yn wych. BBC Cymru yn cytuno i gomisiynu.
2004: Ffilmio ym Mae Trearddur, Pwllfanogl, Eryri, Cader Idris, ardal y Cnicht ac yna, Mai 2004, hedfan i Fenis. Gwenda Griffith, Cynhyrchydd, John Hefin, Cyfarwyddwr, Stephen Kingston, dyn camera, Steve Jones, dyn sain, Nia Jones yn gynorthwywraig cynhyrchu, a minnau. Hedfan o Fanceinion. Taith ardderchog. Cyrraedd yn y pnawn. Croesi'r lagŵn i'r gwesty. Kyffin allan yn syth at lan y Gamlas Fawr i arlunio. Mae o'n anhygoel, mae o'n wyth deg chwech oed! Dewiswyd teitl y rhaglen yn Fenis, *Reflections in a Gondola*. Clasur o raglen. Kyffin wrth ei fodd. Roedd Kyffin mor hawddgar, mor gydweithredol. Profiad oes i bawb oedd yno oedd cael bod yn ei gwmni.

2003 – Venice Notes – Journey of a Lifetime – A Dream Comes True

Monday: Tea and toast at Tynycornel Hotel, Talyllyn with my friend John Hefin. The idea is born – take Kyffin to Venice – film him sketching on the Grand Canal.
Friday: Kyffin agrees. Fflic Ltd of Cardiff (now part of the Boomerang Group) with it's dynamic Producer, Gwenda Griffith, is on board. Gwenda forges ahead. BBC Wales commissions a programme from Fflic.
2004: Filming starts at Trearddur Bay, Pwllfanogl, Cader Idris, the area of y Cnicht – and then, in May 2004, to Venice. Kyffin, Gwenda Griffith, Producer, John Hefin, Director, Stephen Kingston, cameraman, David Meredith, Programme Consultant, and Steve Jones, soundrecordist – we fly to Venezia. Excellent flight.
We cross the lagoon by motorboat taxi and arrive at the Danieli Hotel in style. Very soon after arriving, Kyffin, at 86, is immediately out sketching on the bank of the Grand Canal – lesser mortals take a rest! The final programme, *Reflections in a Gondola*, is a classic of the box – Kyffin was delighted. The programme with its theme of four significant events in Kyffin's life is a great success.

241

241. Kyffin yng Nghaffi enwog Florian, Sgwâr San Marc, Fenis.   241. Kyffin at the Café Florian, St Mark's Square, Venice.

242

242. Kyffin ar y Gamlas Fawr, Fenis 2004.   242. Kyffin on the Grand Canal, Venice 2004.

243

244

243. Kyffin ar daith i Fenis yn y pumdegau yn drymlwythog!

243. Kyffin en route to Venice heavily laden in the '50s

244. Byd o wahaniaeth – 2004, prif arlunydd Cymru ym mhrif westy Fenis – Y Danieli – yn yfed te yn jacôs.

244. Times change – 2004, Wales' greatest artist drinking tea at the Danieli Hotel, Venice.

245

246

245. Croesi'r lagŵn o'r
Awyrendy i Westy'r Danieli,
yn y cwch-modur.

245. Crossing the lagoon from
the Airport to the Danieli, in
the motorboat.

246. O'r chwith i'r dde: John
Hefin, Cyfarwyddwr, Kyffin
a Gwenda Griffith,
Cynhyrchydd, yn nerbynfa'r
Danieli.

246. From left to right: John
Hefin, Director, Kyffin and
Gwenda Griffith, Programme
Producer, in the reception
area of the Danieli Hotel.

247

248

247. Y criw a'r seren yn ymlacio yn y gwesty wedi diwrnod o ffilmio.

O'r chwith i'r dde: Stephen Kingston, dyn camera, David Meredith, Kyffin, Gwenda Griffith, Cynhyrchydd, John Hefin, Cyfarwyddwr, Steve Jones, dyn sain.

248. David Meredith a Kyffin – Gwesty'r Danieli.

249. O'r chwith i'r dde: Kyffin, John Hefin a Steve Jones, dyn sain.

247. The crew and the star relaxing at the hotel after a day's filming.

From left to right: Stephen Kingston, cameraman, David Meredith, Kyffin, Gwenda Griffith, Producer, John Hefin, Director, Steve Jones, soundrecordist.

248. David Meredith and Kyffin – Danieli Hotel.

249. From left to right. Kyffin, John Hefin, and Steve Jones (with boom mike!).

249

250

251

252

250. Kyffin yn lliwio un o'i luniau yng nghaffi Florian, Sgwâr San Marc, Fenis.

250. Kyffin colouring one of his drawings at Café Florian, St Mark's Square, Venice.

252. *San Salute*, llun gorffenedig Kyffin.

252. *San Salute*, Kyffin's finished painting.

253

253. Stephen Kingston, dyn camera, gyda Kyffin ar y Gamlas Fawr.

253. Stephen Kingston, cameraman, and Kyffin on the Grand Canal.

254

254. John Hefin, y Cyfarwyddwr, gyda Kyffin ym Mhwllfanogl wedi gorffen ffilmio, 2003.

254. John Hefin, Director, with Kyffin at Pwllfanogl after completing filming in 2003 for *Reflections in a Gondola*.

255

256

255/6. Kyffin wrth ei fodd yn esgus herio'r holwr – stiwdio BBC Cymru, Bangor, ar ddiwedd ffilmio rhan Cymru o *Reflections in a Gondola*, 2004.

255/6. Kyffin enjoys a mock challenge to the interviewer at the BBC Studios, Bangor, at the end of filming in Wales for *Reflections in a Gondola*, 2004.

A thonnau gwyllt y môr.

Yr arlunydd natur penigamp

The nature artist *par excellence*

257

258

259

260

257-60. Roedd paentio anifeiliaid yn ail natur i Kyffin – gwanacos, adar, ceffylau yn y Wladfa, gwartheg, llwynogod, moch daear, ceffylau a theirw yng Nghymru.

257-60. Kyffin loved drawing and painting animals – guanacos, birds, horses in Patagonia, foxes, badgers, cows, bulls and horses in Wales.

261

261. Guanaco.

Ar leoliad.

Y Cambrian   **The Cambrian**

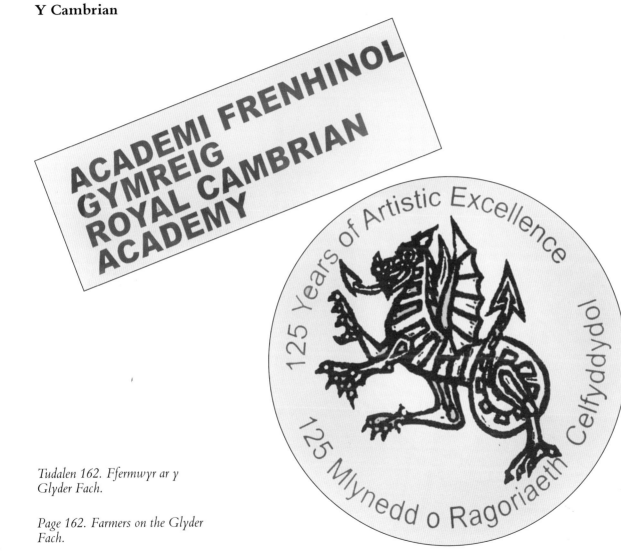

*Tudalen 162. Ffermwyr ar y
Glyder Fach.*

*Page 162. Farmers on the Glyder
Fach.*

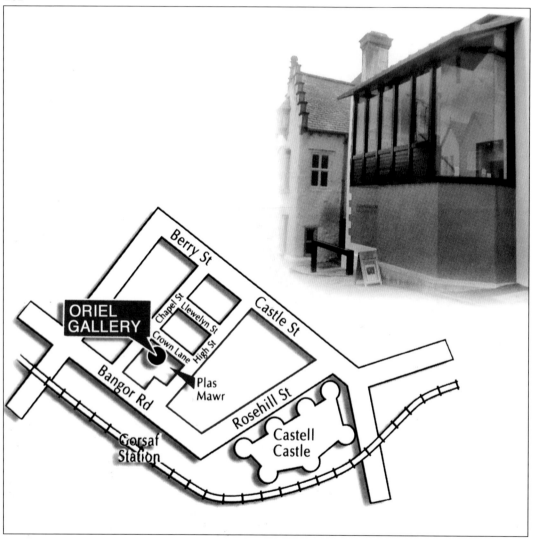

262. Bu Kyffin yn Llywydd yr Academi Frenhinol Gymreig yng Nghonwy am ddau gyfnod.

262. Kyffin was President of the Royal Cambrian Academy of Art at Conwy for two periods of time.

263

264

263/264. Kyffin a Rolf Harris, CBE, yn agoriad yr Arddangosfa Haf flynyddol yn yr Academi Frenhinol Gymreig, Conwy, Gorffennaf 2005.

263/264. Kyffin and Rolf Harris, CBE, at the opening of the annual Summer Exhibition at the Royal Cambrian Academy, Conwy, July 2005.

265

265. Portread o Kyffin gan Rolf Harris yn Arddangosfa
Flynyddol 2007 Cymdeithas Frenhinol y Paentwyr Portreadau –
Orielau'r Mall, Llundain.

265. Portrait of Kyffin by Rolf Harris at the 2007 Annual
Exhibition of the Royal Society of Portrait Painters, Mall
Galleries, London.

267

267. Cartref Sant Tysilio yn Llanfairpwllgwyngyll, Ynys Môn, lle bu Kyffin farw, Medi 1, 2006.

267. The St Tysilio Home at Llanfairpwll, Anglesey, where Kyffin died, September 1, 2006.

268

269

JOHN KYFFIN WILLIAMS

1918 – 2006

270

CADEIRLAN BANGOR CATHEDRAL

Gwasanaeth o Ddiolchgarwch
am fywyd a gwaith
Syr Kyffin Williams RA

9 May 1918 - 1 September 2006

Service of Thanksgiving
for the life and work of
Sir Kyffin Williams RA

Dydd Llun, 11 Medi, 2006
Monday, 11 September, 2006
11am

271

272

Psalm 42
Read by Father Brian Jones

Ave Verum Corpus – Music by W A Mozart
Sung by the Cathedral Choir

TRIBUTE - Professor Derec Llwyd Morgan

EMYN
Tôn: Finlandia

1   Dros Gymru'n gwlad, O Dad, dyrchafwn gri,
y winllan wen a roed i'n gofal ni;
d'amddiffyn cryf a'i cadwo'n ffyddlon byth,
a boed i'r gwir a'r glân gael yniddi nyth;
er mwyn dy Fab a'i prynodd iddo'i hun,
O crea hi yn Gymru ar dy lun.

2   O deued dydd pan fo awelon Duw
yn chwythu eto dros ein herwau gwyw,
a'r crindir cras dan ras cawodydd nef
yn erddi Crist, yn ffrwythlon iddo ef,
a'n heniaith fwyn â gorfoleddus hoen
yn seinio fry haeddiannau'r addfwyn Oen.

(Lewis Valentine)

READING - 1 Corinthians 13
Read by the Marquess of Anglesey

My Little Welsh Home – Music by W S Gwynn Williams
Sung by Bryn Terfel
Accompanied by Elinor Bennett

268. Eglwys Gadeiriol
Bangor, lle y cynhaliwyd y
gwasanaeth o ddiolchgarwch
am fywyd a gwaith Syr
Kyffin Williams, RA.
Cafwyd cân gan Bryn Terfel.
Telynores – Elinor Bennett.

268. Bangor Cathedral, where
the service of thanksgiving
for the life and work of Sir
Kyffin Williams, RA, was
held. Bryn Terfel sang 'The
Mountains of my Home'; the
harpist was Elinor Bennett.

Croniclwyd hanes y gwasanaeth yn yr Eglwys Gadeiriol yn y wasg, Medi 12, 2006 (*Daily Post*), gyda'r geiriau:

'Ddoe eisteddodd pobl o bob cylch o fywyd ochor yn ochor yn Eglwys Gadeiriol Bangor a honno dan ei sang wrth i'r genedl ffarwelio â Sir Kyffin Williams … Arweiniwyd y gwasanaeth gan Archesgob Cymru, y Parchedicaf Ddoctor Barry Morgan … talwyd teyrngedau gan ei fab bedydd, Nicholas Sinclair, a chan gyn-Brifathro Coleg Prifysgol Cymru Aberystwyth, yr Athro Derec Llwyd Morgan. Dywedodd Nicholas Sinclair fod gwaith ei dad bedydd yn dod o'r galon fel gwaith dau arlunydd a edmygai Syr Kyffin yn fawr, Rembrandt a Van Goch … Dywedodd yr Athro Derec Llwyd Morgan, pan symudodd Syr Kyffin i'w gartref a'i stiwdio yn Llanfairpwll, a oedd yn edrych dros y Fenai, roedd ei Fôn annwyl dan ei draed a'i Eryri annwyl yn syth o'i flaen. Dywedodd yr Archesgob, 'Mae'r ffaith fod yr Eglwys Gadeiriol hon yn llawn o bobl o bob haen o gymdeithas yn dyst i'r parch a'r cariad tuag ato, nid yn unig fel artist ond hefyd fel dyn. Daethom yma i ddangos parch ac i ddiolch iddo. Ond yr unig reswm y gallwn wneud hyn ydi oherwydd iddo gytuno i gael gwasanaeth fel hwn. Ei ddewis gwreiddiol oedd claddedigaeth dawel yn Llanfair-yng-Nghornwy'.'

273

The service at the Cathedral was chronicled by the press (*Daily Post*), September 12, 2006 :

'People from all walks of life sat side by side in a packed Bangor Cathedral yesterday as a nation said its final goodbye to Sir Kyffin Williams … The moving service was led by the Archbishop of Wales, the Most Reverend Dr Barry Morgan – a personal friend of the artist … The hour-long service of thanksgiving for the life and work of Llangefni-born Sir Kyffin included tributes from his godson, Nicholas Sinclair, and former Aberystwyth University Principal, Professor Derec Llwyd Morgan. Mr Sinclair, whose mother was an art student in London at the same time as Sir Kyffin, said his godfather's work, like that of Rembrandt and Van Gogh, was driven by the heart … The professor (Derec Llwyd Morgan) said when Sir Kyffin moved to his studio and home at Llanfairpwll, overlooking the Menai Strait, he had his beloved Môn under his feet and his beloved Eryri in his sights.

In his sermon the Archbishop said: 'The fact that this cathedral is full of people from all strata of society is testimony to the esteem and affection in which he was held – not just as an artist but as a man. We have come out of respect and to give thanks for him. But we are only able to do so because he, in the end, consented to have a service such as this. His preferred option was a quiet burial at Llanfair-yng-Nghornwy'.'

274

275

274. Archesgob Cymru, Barry C. Morgan, yn arwain yn y gwasanaeth angladdol ym mynwent Llanfair-yng-Nghornwy.

274. The Archbishop of Wales, the Most Reverend Dr Barry C. Morgan, leading the cortege at Llanfair-yng-Nghornwy.

275. Rhai o'r galarwyr, nifer o gyfeillion Kyffin o'r byd celf. O'r chwith i'r dde: Nicholas Sinclair, Keith Bowen, Elisabeth Vicary, Gwilym Pritchard, Claudia Williams; ar y dde eithaf, William Selwyn.

275. A group of mourners, many of Kyffin's friends from the arts world. From left to right: Nicholas Sinclair, Keith Bowen, Elisabeth Vicary, Gwilym Pritchard, Claudia Williams; extreme right William Selwyn.

276

276. Y gwasanaeth ym mynwent Llanfair-yng-Nghornwy dan arweiniad y Parchedicaf Ddoctor Barry C. Morgan, Archesgob Cymru.

276. The service in the graveyard at Llanfair-yng-Nghornwy led by the Most Reverend Dr Barry C. Morgan, Archbishop of Wales.

277

278

279

277/8/9. Eglwys y Santes Fair, Llanfair-yng-Nghornwy, lle bu hen-daid Kyffin, James Williams, yn rheithor. Adeiladwyd yr eglwys yn gynnar yn yr unfed ganrif ar bymtheg, a daeth y cerrig, fe gredir, ar gyfer yr adeiladwaith o Gapel Mynachdy, hen gapel mynachod Urdd y Carmeliaid ym Môn.

277/8/9. The Church of St Mary, Llanfair-yng-Nghornwy, where Kyffin's great-grandfather, James Williams, was rector. The church was built early in the 16th century and the building stones, it is believed, came from the ruins of Capel Mynachdy, a chapel in Anglesey used by the Carmelite monks.

Portread gan David Griffiths.

Portrait by David Griffiths.

Llun gan Gerallt Radcliffe.

Photo by Gerallt Radcliffe.

280

'Un noson o haf ychydig wedi i mi gyrraedd Pwllfanogl, daeth cyfaill a'i fachgen bach pump oed i ymweld â mi. Wrth i ni sefyll ger y dŵr a'r tonnau'n torri wrth ein traed, edrychodd y bachgen bach arna' i a dywedodd yn llawn pryder: "Be' ddigwyddith i chi yma pan fyddwch chi'n marw?" Gwyddwn fod yn rhaid i mi ateb yn llawn hyder er nad oeddwn yn hyderus. "O, mi fydd hi'n wych," meddwn i, "mi fydda' i'n llithro i mewn i'r môr ac yn cael fy nghario i ffwrdd gan y dŵr o dan y pontydd ymlaen i Benmon a'r môr agored. O, bydd, mi fydd yn fendigedig." Wrth iddo wrando, roedd y gofid fel petai'n cilio o'i wynepryd a rhedodd i ffwrdd i daflu cerrig i'r dyfroedd a fyddai'n fy nghario ymaith.'
Kyffin, *A Wider Sky*

Ystyriai Kyffin fod y geiriau hyn yn briodol i'w darllen yn ei angladd.

'One summer evening, not long after I arrived at Pwllfanogl, a friend came to visit me with his small son aged five. As we stood at the water's edge, with gentle waves breaking at our feet, the little boy looked up at me: "What will happen to you here when you die?" he asked with a look of concern on his face. I knew I had to answer with a confidence I did not possess. "Oh, it will be wonderful," I said, "I shall slip into the sea and be swept away by the water, and I shall be carried under the bridges and away to Penmon and the open sea. Oh, yes, it will be rather wonderful." As he listened to me the worry seemed to disappear from his face and he ran off to throw stones into the waters that were to carry me away ...'
Kyffin, *A Wider Sky*

Kyffin considered these words suitable to be read at his funeral.

Cerflun er cof am Kyffin   Sculpture in memory of Kyffin

Cerflun bychan er cof am Kyffin gan Chris Kelly, cerflun efydd sy'n mesur 11 modfedd o uchder, o ffowndri 'Castle Fine Arts', Llanrhaeadr-ym-Mochnant, Powys.

The Kyffin maquette memorial bronze sculpture, 11 inches in height, from 'Castle Fine Arts', Llanrhaeadr-ym-Mochnant, Powys (sculptor: Chris Kelly).

Dyddiadau Pwysig ym Mywyd Kyffin Williams

Kyffin Williams – Significant Dates

1918 – Mai 9/May 9
Ganed yn Nhan-y-Graig, Llangefni
Born in Tan-y-Graig, Llangefni

1925-1931
Ysgol Bae Trearddur
Trearddur Bay School

1931-1936
Ysgol Amwythig
Shrewsbury School

1937-1939
Astudio Asiantaeth Tir, Pwllheli
Studied Land Agency, Pwllheli

1937
Comisiynwyd fel Ail Lifftenant, Y Ffisilwyr Cymreig TA
Commissioned 2nd Lieutenant, Royal Welch Fusiliers TA

1941
Ei ddirymu o'r fyddin
Invalidated out of the army

1941-1944
Astudio yn Ysgol Gelf y Slade, Llundain (yr ysgol wedi symud i Rydychen yn ystod cyfnod yr Ail Ryfel Byd)
Studied at Slade School of Fine Art, London (the Slade had moved to Oxford during the Second World War)

Ysgoloriaeth Robert Ross
Robert Ross Leaving Scholarship

1944-1973
Athro celf hŷn, Ysgol Highgate, Llundain
Senior art master, Highgate School, London

1967-1975
Llywydd yr Academi Frenhinol Gymreig
President of the Royal Cambrian Academy of Art

1968
Cymrodoriaeth Churchill i gofnodi bywyd y Cymry ym Mhatagonia
Winston Churchill Fellowship to visit and record the Welsh in Patagonia

1970
Aelod Etholedig o'r Academi Frenhinol
Elected Associate of the Royal Academy

1974
Aelod o'r Academi Frenhinol
Royal Academican

1978
MA Anrhydeddus, Prifysgol Cymru

Honorary MA, University of Wales

1983
Anrhydedd yr Ymerodraeth Brydeinig
Order of the British Empire

1987
Dirprwy-lifftenant Gwynedd
Deputy-lieutenant of Gwynedd

1989
Cymrawd Anrhydeddus, Coleg Prifysgol Cymru, Abertawe
Honorary Fellow, University College of Wales, Swansea

1991
Cymrawd Anrhydeddus, Coleg Prifysgol Cymru Bangor
Honorary Fellow, University College of North Wales, Bangor

Derbyn Medal y Cymmrodorion
Awarded the Medal of the Honourable Society of Cymmrodorion

1992
Cymrawd Anrhydeddus, Coleg Prifysgol Cymru, Aberystwyth
Honorary Fellow, University College of Wales, Aberystwyth

Llywydd yr Academi Frenhinol Gymreig
President of the Royal Cambrian Academy of Art

Aelod o Gyngor Ymgynghorol y
Celfyddydau, Amgueddfa Genedlaethol
Cymru
Member of Arts Advisory Committee,
National Museum of Wales

Aelod o Lys Llyfrgell Genedlaethol
Cymru
Member of Court of Governors,
National Library of Wales

1995

Derbyn Gwobr Glyndŵr (MOMA
Machynlleth) am gyfraniad arbennig i'r
Celfyddydau yng Nghymru
Awarded the Glyndŵr Award (MOMA
Machynlleth) for outstanding contribution
to the Arts in Wales

1999

Ei urddo'n Farchog gan y Frenhines
Awarded a Knighthood by Her Majesty
the Queen

2004

Teithio i Fenis yn wyth deg chwech oed
ar gyfer ffilmio *Reflections in a Gondola*
(Fflic ar gyfer BBC Cymru)
Travels to Venice to film *Reflections in a
Gondola* (Fflic for BBC Wales). Kyffin
was 86.

Roedd Kyffin yn un o noddwyr Ym-
ddiriedolaeth Ynys Enlli
Kyffin was a patron of the Bardsey

Island Trust.

Medi 1, 2006

Marw yng Nghartref Sant Tysilio yn
Llanfairpwll, nid nepell o'i hoff
Bwllfanogl. Roedd Kyffin yn 88 oed.
Claddwyd ef yn Llanfair-yng-Nghornwy,
Môn

September 1, 2006

Dies at the Sant Tysilio Home, Llanfair
PG, Anglesey, not far from his beloved
Pwllfanogl. Kyffin is buried at Llanfair-
yng-Nghornwy, Anglesey

2006

Teyrngedau a sylw iddo yn *Cambrian, Y
Cymro, Golwg, Daily Post, Western Mail,
The Times, Guardian, Independent, Daily
Telegraph, Daily Mail*, ac ar y radio a'r
teledu ar raddfa eang, a hefyd mewn
cylchgronau
Obituaries appeared in *Cambrian, Y
Cymro, Golwg, Daily Post, Western Mail,
The Times, Guardian, Independent, Daily
Telegraph, Daily Mail*, and extensive
tributes on radio and television, also in
magazines and periodicals

Kyffin Williams

Casgliadau/Collections

Cyngor Celfyddydau Prydain
Arts Council of Great Britain

Cymynrodd Chantrey
Chantrey Bequest

Cymdeithas Gelfyddyd Gyfoes
Contemporary Art Society

Cymdeithas Gelfyddyd Gyfoes Cymru
Contemporary Art Society for Wales

Oriel Gelfyddyd Coventry
Coventry Art Gallery

Oriel Luniau ac Amgueddfa Glynn Vivian,
Abertawe
Glynn Vivian Art Gallery and Museum,
Swansea

Oriel Gelfyddyd Henffordd
Hereford Art Gallery

Llyfrgell Genedlaethol Cymru,
Aberystwyth
National Library of Wales, Aberystwyth

Amgueddfa Genedlaethol Cymru,
Caerdydd
National Museum of Wales, Cardiff

Oriel Ynys Môn, Llangefni

Tate Prydain/Britain, Llundain/London

Coleg Prifysgol Cymru, Bangor
University College of Wales, Bangor

Coleg Prifysgol Cymru, Abertawe
University College of Wales, Swansea

Oriel Gelfyddyd Walker, Lerpwl
Walker Art Gallery, Liverpool

Cyngor Celfyddydau Cymru, Caerdydd
Welsh Arts Council, Cardiff

**A chasgliadau helaeth mewn dwylo
preifat
And many extensive private collections**

Rhaglenni Teledu am Kyffin Williams

Television Programmes about Kyffin Williams

1966

Horizons Hung in Air

Y rhaglen ddogfen gyntaf ar Kyffin
Cynhyrchydd, awdur: John Ormond
BBC Cymru/Wales.

The first television documentary on Kyffin
Producer, author: John Ormond
BBC Cymru/Wales

1969

Rhaglen y Celfyddydau
Arts Programme
Etc, etc…
Kenneth Griffith yn holi Kyffin
Kenneth Griffith interviews Kyffin
Harlech (HTV).

1979

A Land against the Light

Rhaglen ddogfen am Kyffin gan John
Ormond
BBC Cymru/Wales

A television documentary about Kyffin
by John Ormond
BBC Cymru/Wales

1987

Arlunwyr – Kyffin Williams
Rhaglen deledu ar waith Kyffin
Cynhyrchydd: Carol Byrne Jones
Cyflwynydd: David Meredith
HTV Cymru/Wales i S4C

Artists – Kyffin Williams
Producer: Carol Byrne Jones
Presenter: David Meredith
HTV Cymru/Wales for S4C

1999

Kyffin
Rhaglen ddogfen
Cynhyrchydd, awdur: Gareth Rowlands
BBC Cymru/Wales

Television documentary
Producer, author: Gareth Rowlands
BBC Cymru/Wales

2004

Reflections in a Gondola

Rhaglen ddogfen ar Kyffin
Cynhyrchydd: Gwenda Griffith
Cyfarwyddwr: John Hefin

Ymgynghorydd: David Meredith
Cynhyrchiad Fflic
Comisiwn BBC Cymru/Wales

Documentary on Kyffin
Producer: Gwenda Griffith
Director: John Hefin
Consultant: David Meredith
A Fflic Production
BBC Cymru/Wales Commission

2006

Y Sioe Gelf – S4C
Rhaglen deyrnged i Kyffin
A tribute to Kyffin
Cyfraniadau gan/contributions by:
Peter Lord
Rob Piercy
Leslie Jones
Gareth Parry
David Meredith
Rian Evans
Ann Mathias
Catrin Williams
Cynhyrchydd/Producer: Carys Bowen
Cwmni Da, Caernarfon

Rhai Llyfrau ac Erthyglau

Books and Articles

Meic Stephens (Golygydd/Editor)
Artists in Wales
Erthygl hunangofiannol gan Kyffin
(ysbrydoliaeth i'w hunangofiant)
Autobiographical piece by Kyffin
(which inspired his autobiography)
Gwasg Gomer/Gomer Press
1971

Darlith gan Kyffin Williams
'Pwysigrwydd barn – yn gywir neu
anghywir'
Lecture by Kyffin Williams
'The importance of opinion – right or
wrong'
Darlith Flynyddol Cymdeithas y
Celfyddydau yng Ngogledd Cymru,
Wrecsam
North Wales Association for the Arts
Annual General Meeting, Wrexham
1972

Kyffin Williams
Across the Straits
Rhan gyntaf ei hunangofiant
Volume 1 of his autobiography
Duckworth Llundain/London
1973

Ailgyhoeddwyd gan Wasg Gomer

Republished by Gomer Press

Rhagymadrodd i gatalog ar gyfer
arddangosfa adolygol o waith Kyffin
Williams gan John Ormond
Amgueddfa Genedlaethol Cymru/Oriel
Mostyn
Introduction to catalogue for a
retrospective exhibition by Kyffin
Williams by John Ormond
National Museum of Wales/Mostyn Art
Gallery
1987

Darlith gan Kyffin Williams
'Traddodiad mewn Perygl?'
Lecture by Kyffin Williams
'Tradition in Danger?'
Darlith Ben Bowen Thomas/Ben Bowen
Thomas Lecture
Cymdeithas y Celfyddydau yng
Ngogledd Cymru
North Wales Association for the Arts
1987

Alice Thomas Ellis
Wales: an Anthology
Llundain/London
Darluniau gan/Illustrations by Kyffin
Williams
1989

Kyffin Williams
A Wider Sky
Ail ran yr hunangofiant

Volume 2 of his autobiography
Gwasg Gomer/Gomer Press
1991

Ailgyhoeddwyd gan Wasg Gomer
Republished by Gomer Press

Kyffin Williams a/and Leslie Jones
'Portreadau 1944-1993'
Catalog arddangosfa
Exhibition catalogue
114 o bortreadau/portraits
Oriel Ynys Môn, Llangefni
1993

Kyffin Williams
Boyo Ballads
Gwasg Excellent/Excellent Press
Hawlfraint y cerddi a'r lluniau
Llyfrgell Genedlaethol Cymru
Copyright of illustrated verses
National Library of Wales
1995

Kyffin Williams
'Tirwedd'
'Landscapes'
Catalog yr Arddangosfa
Exhibition Catalogue
Oriel Ynys Môn, Llangefni
1995

Kyffin Williams
Portraits

183

Gwasg Gomer/Gomer Press
1996

Ailgyhoeddwyd/Cyhoeddiad Newydd
New Edition
2007

Kyffin Williams
The Land and the Sea
Gwasg Gomer/Gomer Press
Rhagymadrodd gan Nicholas Sinclair
Preface by Nicholas Sinclair
1998

Kyffin Williams – Drawings
Rhagymadrodd gan Kyffin
Introduction by Kyffin
Gwasg Gomer/Gomer Press
2001

Kyffin Williams
Cutting Images
Linocuts
yn cynnwys hunan-bortread
including self portrait
Gwasg Gregynog/Gregynog Press,
Y Drenewydd/Newtown,Powys
2002

Nicholas Sinclair (Golygydd/Editor)
Kyffin Williams A Studio Monograph
Llundain/London
2004

Dr Paul Joyner (Golygydd/Editor)

Gwladfa Kyffin
Kyffin in Patagonia
Llyfrgell Genedlaethol Cymru
National Library of Wales
2004

Kyffin a'i Gynefin
Addasiad Sian Owen
Carolyn Davies/Lynne Bebb
Kyffin Williams: Painting the Mountains
Gwasg Gomer/Gomer Press
2005

David Meredith
Kyffin in Venice
Y cyfweliad print cynhwysfawr olaf
The last extensive print interview.
Gwasg Gomer/Gomer Press
2006

The Art of Kyffin Williams
Nicholas Sinclair and Rian Evans
Cyhoeddiadau'r Academi Frenhinol
Royal Academy Publication
2007

Kyffin: A Celebration
Golygwyd gyda rhagair gan Derec
Llwyd Morgan
Edited and with a preface by Derec
Llwyd Morgan
Rhagymadrodd gan Ei Uchelder
Brenhinol, Tywysog Cymru
Foreword by His Royal Highness, The
Prince of Wales

Gwasg Gregynog/Gregynog Press
2007

**Drwy gydol y blynyddoedd,
cynlluniodd Kyffin nifer o gloriau
llyfrau a phosteri.**

**Over the years, Kyffin designed many
book covers and posters.**

GWASG GREGYNOG
is pleased to announce publication in late Summer 2007
of

KYFFIN
A CELEBRATION

EDITED, AND WITH A PREFACE BY
DEREC LLWYD MORGAN

AND A FOREWORD BY
HIS ROYAL HIGHNESS
THE PRINCE OF WALES

A collection of twelve writings specially commissioned
to celebrate the life and work of Sir Kyffin Williams, R.A.
Illustrated with a selection of the artist's linocuts,
including two previously unpublished.

Arddangosfeydd Kyffin fel Unigolyn

Solo Exhibitions

1948   Oriel Colnaghi, Llundain
        Colnaghi's Gallery, London

1951   Orielau Leicester, Llundain
        Leicester Galleries, London

1954   Orielau Leicester, Llundain
        Leicester Galleries, London

1955   Oriel Luniau ac Amgueddfa
        Glynn Vivian, Abertawe
        Glynn Vivian Museum and Art
        Gallery, Swansea

1957   Orielau Leicester, Llundain
        Leicester Galleries, London

1959   Oriel Howard Roberts, Caerdydd
        Howard Roberts Gallery, Cardiff

1961   Orielau Leicester, Llundain
        Leicester Galleries, London

1965   Oriel Colnaghi, Llundain
        Colnaghi's Gallery, London
        Oriel Howard Roberts, Caerdydd
        Howard Roberts Gallery, Cardiff

1966   Orielau Leicester, Llundain
        Leicester Galleries, London

1968   Oriel Howard Roberts, Caerdydd
        Howard Roberts Gallery, Cardiff
        Galeri Tegfryn, Porthaethwy
        Tegfryn Gallery, Menai Bridge

1970   Oriel Colnaghi, Llundain
        Colnaghi's Gallery, London
        Orielau Leicester, Llundain
        Leicester Galleries, London
        Oriel Tegfryn, Porthaethwy
        Tegfryn Gallery, Menai Bridge

1971   Eisteddfod Genedlaethol Cymru
        National Eisteddfod of Wales

1975   Oriel yr Albany, Caerdydd
        Albany Gallery, Cardiff
        Oriel y Thackeray, Llundain
        Thackeray Gallery, London

1976   Oriel Tegfryn, Porthaethwy
        Tegfryn Gallery, Menai Bridge

1977   Oriel yr Albany, Caerdydd
        Albany Gallery, Cardiff
        Oriel y Thackeray, Llundain
        Thackeray Gallery, London

1978   Oriel Tegfryn, Porthaethwy
        Tegfryn Gallery, Menai Bridge

1979   Oriel yr Albany, Caerdydd
        Albany Gallery, Cardiff
        Oriel y Thackeray, Llundain
        Thackeray Gallery, London

1980   Oriel Tegfryn, Porthaethwy
        Tegfryn Gallery, Menai Bridge

1981   Oriel yr Albany, Caerdydd
        Albany Gallery, Cardiff
        Cymdeithas Bensaernïol, Llundain
        Architectural Association, London
        Oriel Bladon, Hurstbourne
        Tarrant
        Bladon Gallery, Hurstbourne
        Tarrant
        Llyfrgell Genedlaethol Cymru,
        Aberystwyth
        National Library of Wales,
        Aberystwyth
        Oriel Stone, Newcastle upon
        Tyne
        Stone Gallery, Newcastle upon
        Tyne
        Oriel Thackeray, Llundain
        Thackeray Gallery, London
        Coleg y Brifysgol, Abertawe
        University College, Swansea

1982   Oriel Tegfryn, Porthaethwy
        Tegfryn Gallery, Menai Bridge

1983   Oriel yr Albany, Caerdydd
        Albany Gallery, Cardiff
        Oriel y Thackeray, Llundain
        Thackeray Gallery, London

1985   Oriel yr Albany, Caerdydd
        Albany Gallery, Cardiff
        Oriel y Thackeray, Llundain

Thackeray Gallery, London

1987 Oriel yr Albany, Caerdydd
Albany Gallery, Cardiff
Oriel Luniau ac Amgueddfa
Glynn Vivian, Abertawe
Glynn Vivian Museum and Art
Gallery, Swansea
Oriel Gelf Mostyn, Llandudno
Mostyn Art Gallery, Llandudno
Amgueddfa Genedlaethol Cymru,
Caerdydd
National Museum of Wales,
Cardiff
Oriel y Thackeray, Llundain
Thackeray Gallery, London

1989 Oriel yr Albany, Caerdydd
Albany Gallery, Cardiff
Oriel y Thackeray, Llundain
Thackeray Gallery, London

1991 Oriel yr Albany, Caerdydd
Albany Gallery, Cardiff
Oriel y Thackeray, Llundain
Thackeray Gallery, London

1992 Oriel Plas Glyn-y-Weddw,
Llanbedrog
Plas Glyn-y-Weddw Gallery,
Llanbedrog
Oriel Tegfryn, Porthaethwy
Tegfryn Gallery, Menai Bridge

1993 Oriel Ynys Môn, Llangefni

Oriel yr Albany, Caerdydd
Albany Gallery, Cardiff
Oriel y Thackeray, Llundain
Thackeray Gallery, London

1995 Oriel y Thackeray, Llundain
Thackeray Gallery, London
Oriel Ynys Môn, Llangefni

1997 Oriel yr Albany, Caerdydd
Albany Gallery, Cardiff

1998 Oriel y Thackeray, Llundain
Thackeray Gallery, London
Oriel Plas Glyn-y-Weddw,
Llanbedrog
Plas Glyn-y-Weddw Gallery,
Llanbedrog

1999 Llyfrgell Genedlaethol Cymru,
Aberystwyth
National Library of Wales,
Aberystwyth

2000 Oriel yr Albany, Caerdydd
Albany Gallery, Cardiff
Oriel y Thackeray, Llundain
Thackeray Gallery, London

2002 Oriel yr Albany, Caerdydd
Albany Gallery, Cardiff
Oriel y Thackeray, Llundain
Thackeray Gallery, London

2004 Oriel yr Albany, Caerdydd

Albany Gallery, Cardiff

2006 Oriel yr Albany, Caerdydd
Albany Gallery, Cardiff

Bu farw Kyffin ar Fedi 1, 2006
Kyffin died on September 1, 2006

Agorodd yr Arddangosfa ar Fedi
15, 2006.
The Exhibition opened on
September 15, 2006.

2006 Arddangosfa er cof am Kyffin yn
Oriel y Thackeray, Llundain
Exhibition in memory of Kyffin,
Thackeray Gallery, London.

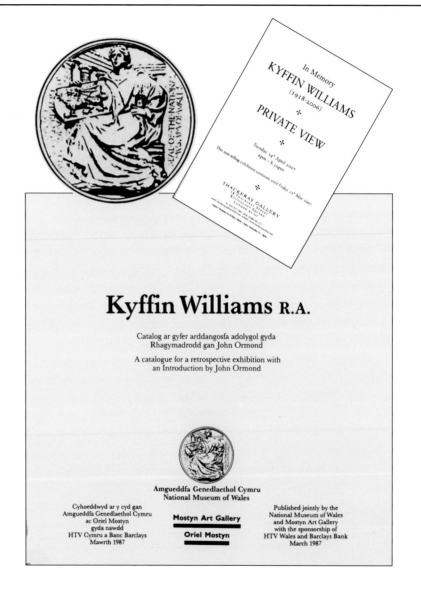

Diolchiadau

Carwn ddiolch i Gyhoeddiadau Barddas am fy ngwahodd i baratoi'r llyfr yma a hynny drwy law Elwyn Edwards, Y Bala, a chael y cyfle a'r hyfrydwch i gydweithio unwaith yn rhagor gydag Alan Llwyd, y bardd a'r llenor a golygydd y gyfres Bro a Bywyd. Diolch i'r Llyfrgell Genedlaethol, drwy Ann Ffrancon, Pennaeth yr Isadran Mynediad a Marchnata, am gymorth caredig ynglŷn â nifer o luniau, i'm cyfaill John Hefin am bob cymorth a chydweithrediad ac ysbrydoliaeth yn ystod cyfnod paratoi'r gwaith hwn, i oriel luniau'r Tegfryn ym Mhorthaethwy, Môn, am eu haelioni, ac i Mrs Mary Yapp, Oriel yr Albany yng Nghaerdydd, am ei help yn ystod y blynyddoedd diwethaf hyn, ac i Sarah Macdonald-Brown, Oriel y Thackeray yn Kensington, Llundain, am ei chymorth gyda lluniau a gwybodaeth. Diolch i John Roberts, golygydd lluniau'r *Daily Post*, ac i Mark Brittain o'r un papur, am eu caniatâd i ddefnyddio lluniau safonol Gerallt Radcliffe o'r gwasanaeth yn Eglwys Gadeiriol Bangor ac Eglwys Llanfair-yng-Nghornwy, a'i luniau o stiwdio Kyffin. Diolch i Karen Price a Hannah Jones o'r *Western Mail* am bob help, yn ôl yr arfer. Gwnaeth Gareth Lloyd Hughes, prif dynnwr lluniau'r Llyfrgell Genedlaethol, waith anhepgorol a mawr iawn fy niolch iddo. Diolch i Gwyn Jenkins, Cyfarwyddwr Gwasanaethau Casgliadau'r Llyfrgell Genedlaethol, am ei ddiddordeb yn y prosiect hwn ac am ei gymorth. Bûm yn ffodus i allu manteisio ar farn a gwybodaeth Paul Joyner, Pennaeth Uned Pwrcasu a Rhoddion y Llyfrgell Genedlaethol, a chael defnydd o gasgliad unigryw'r Llyfrgell o baentiadau Kyffin. Yno mae'r casgliad mwyaf yn y byd o'i waith. Diolch i Andrew Green , y Llyfrgellydd Cenedlaethol, am ei ddiddordeb yn y llyfr a'i gefnogaeth. Manteisiais yn helaeth ar gasgliad ardderchog Oriel Ynys Môn o luniau teuluol cyfnod cynnar Kyffin a'i holl baentiadau dyfrlliw gwych o'i hoff Fôn. Diolchiadau anferthol i John Smith o Oriel Ynys Môn, arbenigwr ar Kyffin a'i waith, am rannu o'i ddysg a'i ddawn, ac i Alun Gruffydd ac yntau am gymorth parod a rhwydd bob amser. Diolch i Gwenda Griffith, Fflic, cynhyrchydd *Reflections in a Gondola*, am gael defnyddio nifer o luniau trawiadol o'r rhaglen honno (hawlfraint Fflic) ac i John Hefin, Stephen Kingston, Rhodri Davies a Gwenda Griffith ei hun am ganiatâd i ddefnyddio nifer o luniau yn ystod yr ymweliad hanesyddol â Dinas Fenis lle bu Kyffin yn Frenin ar y gamlas fawr! Diolch i Myfanwy ac Ifor Lloyd am eu lluniau o Kyffin. Rhannai Kyffin eu hoffter o'r Cob Cymreig, a dangosodd ei allu rhyfeddol i'w portreadu. Diolch hefyd i Alun Ifans, Prifathro Ysgol Casmael, Sir Benfro. Tystia Alun i Kyffin fod yn hael i'r ysgol gyda'i brintiau llofnodedig a byddai'n falch o weld plant pan ymwelai ysgolion â Phwllfanogl. Diolch i Dr Ann a Dr Glyn Rhys am bob cymorth, cyfeillion agos i Kyffin, ac am eu croeso amserol, cyson. Diolch i Nicholas Sinclair, Hove, ac i Sally Goddard, Bangor, am eu cymorth a'u cydweithrediad. Diolch i BBC Cymru/Wales drwy law Marian Wyn Jones, Pennaeth Gogledd Cymru, am hawl i ddefnyddio lluniau Kyffin ym Mryn Meirion, Bangor. Diolch i'r mawrion, James Nicholas, Gwyn Thomas a Derec Llwyd Morgan am gael defnyddio eu cerddi o fawl i Kyffin. I Elin Wynn Meredith rwy'n ddiolchgar am luniau o fannau pwysig ym mywyd Kyffin yng Nghymru a'i lluniau o Batagonia. Cyflawnodd Evan Dobson, Y Bala, orchestweithiau gyda'i luniau meistrolgar. Bu'n graig i'r prosiect hwn – a diolchaf iddo o'r galon. Diolch i swyddogion Orielau'r Cambrian yng Nghonwy am fy ngwahodd i agor arddangosfa o waith Kyffin ac am eu cymorth ynglŷn â lluniau. Rwy'n ddyledus i Rolf Harris am ganiatâd i gynnwys ei bortread o Kyffin ac i Gwmni Teledu Tinopolis am y cyfle i drafod y llun hwnnw ar y teledu. Diolch i Chris Butler am y llun o gerflun o ffarmwr a'i gi a'i hwrdd ar faes y Sioe Amaethyddol yn Llanelwedd, ac i Gymdeithas Frenhinol Amaethyddol Cymru am yr hawl i'w atgynhyrchu – roedd Kyffin yn gyfaill da i'r byd amaethyddol a seiliwyd y portread o ffarmwr gan Chris Kelly, y cerflunydd, ar un o bortreadau Kyffin.

Diolch i Wasg Gomer, cyhoeddwyr llyfrau meistrolgar ar waith Kyffin, am hawl i ddyfynnu o'r cyhoeddiadau *Across the Straits*, *A Wider View* a *Kyffin in Venice*. Dyfynnais o gyhoeddiadau Cymdeithas Gelfyddydau Gogledd Cymru, a diolch i Llion Williams, Cyn-gyfarwyddwr y Gymdeithas, am hawl i'w ddyfynnu o sawl cyhoeddiad.

Mawr yw fy niolch i David Smith, pennaeth Adran Ffiseg Ysgol Highgate, a thrwyddo ef i'r ysgol, am eu help ynglŷn â chyfnod Kyffin yn Highgate. Credaf weithiau mai Mona Roberts yw gwir awdur y llyfr hwn. Diolchaf o galon iddi am droi'r traed brain yn eiriau dealladwy. Mawr iawn yw fy niolch i Elis Owen, Prif Weithredwr goleuedig ITV yng Nghymru, am ganiatáu i mi ddefnyddio delweddau cofiadwy o Kyffin gan feistr ar y gelfyddyd weledol, Gareth Owen (dyn camera), o'r rhaglen *Arlunwyr – Kyffin Williams*, y cefais y fraint o'i chyflwyno, S4C/HTV (cynhyrchydd: Carol Byrne Jones) a hefyd y defnydd o luniau o'r rhaglen *Etcetera, Etcetera*, cyflwynydd Kenneth Griffith, ac i Bryn Roberts, Prif Weithredwr blaengar Barcud Derwen, a Chyn-gadeirydd BAFTA yng Nghymru, am gymorth caredig iawn ynglŷn â chynhyrchu delweddau. Diolchaf hefyd i Lefi Gruffudd a Robat Gruffudd am eu cymorth caredig.

Carwn bwysleisio ac ailnodi na fyddai'r cyhoeddiad hwn yn bosibl heb gymorth arbennig dau gorff, Oriel Ynys Môn, Llangefni, Sir Fôn (albwm teuluol, dyfrlliwiau a lluniau eraill) a Llyfrgell Genedlaethol Cymru, Aberystwyth (Casgliad Patagonia a lluniau eraill). Rhoddodd Kyffin gannoedd ar gannoedd o'i baentiadau o'i waith artistig yn rhodd i'r sefydliadau hyn, yn ogystal â'i albwm o luniau teuluol. Gellir cysylltu â hwy er mwyn astudio ei waith.

Carwn ddiolch yn arbennig i'r Cynllunydd a mwy na chynllunydd – yn wir darllenwr meddyliau, sef Dafydd Llwyd. Byddai wedi bod, ar brydiau, yn anodd gweld pen y daith heb ei weithredu proffesiynol deallus a chreadigol. Diolch, Dafydd, a llwyddiant i'th gwmni. Diolch i Gruffydd Meredith am fod yn olygydd lluniau ac i Grŵp Teledu Boomerang, Caerdydd, am eu cefnogaeth a'u sêl dros y celfyddydau yng Nghymru.

Rwyf mor falch i allu diolch i wŷr a gwragedd Gwasg Dinefwr am eu gofal a'u caredigrwydd.

Diolch i Roderick Thomson, cyn-ddisgybl i Kyffin yn Highgate, am hawl i gyhoeddi ei sylwadau yn y *Times*. A diolch i'r *Times* am eu cymorth caredig hwy.

Diolch arbennig i Elfed Roberts, Cyfarwyddwr yr Eisteddfod Genedlaethol, am ganiatâd i ddefnyddio deunydd o daflen arddangosfa Patagonia Kyffin, Eisteddfod Bangor a'r Cylch 1971, a phoster 'Môn a Menai'.

Carwn ddiolch i Dr Whitley o Amgueddfa'r Ashmolean, Rhydychen, am ei gymorth, ac i Awdurdodau'r UCL, Llundain, am eu help ynglŷn â llun y Slade.

Tynnwyd lluniau o Kyffin yn y dosbarth yn Ysgol Highgate gan y diweddar Crispin Urich.

Gwasg Y Bala a gyhoeddodd *Y March Coch*.

Diolch i Mary Lynes-Edwards am ei chroeso yn Llanfair-yng-Nghornwy.

Diolchaf i William Owen, Golygydd *Y Cymro*, am ganiatâd i ddyfynnu o'm herthygl fy hun – y deyrnged a ymddangosodd yn *Y Cymro* wedi marwolaeth Kyffin, ac i'r *Western Mail* am gael dyfynnu o'm herthygl i'r papur adeg cyhoeddi *Kyffin in Venice*. Diolch i James Dean Bradfield am ei gymorth ynglŷn â lluniau o'i gryno-ddisg *Great Western*, ac am ei gwmni ar y trên! Bu Cathrin Williams, arbenigwraig ar Batagonia, yn gymorth mawr gyda'i lluniau o Luned Gonzáles a Tegai Roberts – diolwch. Mawr ddiolch hefyd i'r Academi am gael dyfynnu geiriau treiddgar Elis Gwyn o'r cylchgrawn *Taliesin*, Nadolig 1987.

Diolch i S4C am hawl i gyhoeddi llun Kyffin o'r rhaglen deyrnged iddo ar *Y Sioe Gelf*, a diolch i Gwmni Da am fod yn wirioneddol dda!

Diolch i Gruff Davies, un o gyfarwyddwyr Boomerang, am hawl i ddefnyddio'r lluniau o'r Wladfa o'r rhaglen *Bandit* (S4C) ar M. C. Mabon yn ymweld â'r Wladfa i recordio cryno-ddisg o'i gerddoriaeth. Aeth Mabon â chyfarchion Kyffin, ar ei gais, i Luned Gonzáles yn y Gaiman.

Mae'r hawlfraint ar y casgliad o luniau Kyffin sydd ym meddiant Oriel Ynys Môn yn eiddo i'r Oriel. Mawr ddiolch am gael yr hawl i'w hatgynhyrchu.

Diolch i Tegwen a John Albert Evans am ddarparu copi o waith celf gan Kyffin ar gyfer poteli gwin 'Pant Teg'. Darparwyd y llun o'r botel, ond nid y gwin!

Diolch i DACS ac Ystâd y diweddar annwyl Kyffin Williams am hawl i ddefnyddio nifer o luniau sydd o fewn eu hawlfraint ac am fod yn eangfrydig ynglŷn â hyn.

Diolch i Gwyn Jones, Oriel Glyn y Weddw, Llanbedrog, am ei gymorth parod.

Coleg Aberystwyth yw perchen y portread o Syr David Hughes Parry (roedd Kyffin yn falch ohono).

Diolch i Amgueddfa Genedlaethol Cymru am hawl i ddefnyddio eu portread rhagorol o Dr Huw T. Edwards. Yr Amgueddfa Genedlaethol hefyd yw perchen y llun gan Amico Aspertini ar dudalen 128.

Gwasg Gregynog sydd berchen ar hawliau gwaith celf 'Kyffin, a Celebration', diolch am gael ei arddangos.

Addaswyd 'y goeden deuluol' o *Across the Straits* (Gwasg Gomer).

Diolch i Rhidian Griffiths, Llyfrgell Genedlaethol Cymru, am ei gymorth parod.

Parchai Kyffin ddawn y cynllunydd a'r pencampwr llythrennu byd-enwog Ieuan Rees, ac ef a ddymunai Kyffin i gynllunio'i garreg fedd ym mynwent Llanfair-yng-Nghornwy. Carreg fedd ddiaddurn i ŵr dirodres!

David Meredith, Ebrill 2008

Gratitude

I wish to thank Barddas through Elwyn Edwards, of Bala, for inviting me to be editor of this book, the first book in the *Bro a Bywyd* series to feature an artist and also the first bilingual *Bro a Bywyd*. Editing *Kyffin Williams: His Life, His Land*, meant that I had the pleasure and privilege of working once again with Alan Llwyd, the poet and literary figure and the *Bro a Bywyd* series editor.

Thank you to the National Library of Wales for permission to reproduce several paintings and photographs from their collections, and to Ann Ffrancon, the Library's Head of Access and Marketing Section, for her help and assistance. Thank you to my friend John Hefin for his advice and assistance in the preparation of this book, to all at the Tegfryn Art Gallery, Menai Bridge, for their ready assistance, and to Mrs Mary Yapp of the Albany Gallery Cardiff for her help over many years; to Sarah Macdonald-Brown of the Thackeray Gallery, Kensington, London, for giving me advice and help. These three galleries played a central role over many years, in exhibiting, promoting and selling Kyffin's paintings. Thank you to John Roberts, picture editor of the *Daily Post*, for permission to use Gerallt Radcliffe's moving photographs of the services at Bangor Cathedral and Llanfair-yng-Nghornwy, and his photographs of Kyffin's studio, and to Mark Brittain of the same paper for his support and interest. I thank Karen Price and Hannah Jones of the *Western Mail* for their support at all times, as usual. Gareth Lloyd Hughes, chief photographer at the National Library, was extremely helpful in every aspect. I am very grateful to him. Thank you to Gwyn Jenkins, Director of Collection Services at the National Library, for his interest in this book and for his continued support. I have greatly benefited from the expertise of Paul Joyner, Head of the Purchasing and Donations Unit at the National Library, and have made use of the Library's unique Kyffin Collection – the largest Kyffin collection in the world. I wish to thank Andrew Green, the National Librarian, for his interest in this book; Kyffin thought the world of the National Library and was extremely generous to our National Institution over many years. Oriel Ynys Môn at Llangefni, Anglesey, played a special part in Kyffin's life and in the preparation of this book, witness the photographs of Kyffin's early period and his watercolour paintings of his beloved Anglesey. I wish to thank John Smith for sharing with me his recollections of Kyffin's life and his expert detailed knowledge of his work. Alun Gruffydd until recently at Oriel Ynys Môn was also extremely helpful. Both John and Alun gave unhindered access to their Kyffin treasure trove. Diolch. I thank Gwenda Griffith of Fflic Ltd Cardiff, the producer of the classic documentary *Reflections in a Gondola*, for permission to use shots from the programme (Fflic copyright) and to John Hefin, Stephen Kingston, Rhodri Davies and Gwenda herself for the use of individual photographs during Kyffin's historical visit to Venice and his memorable Gondola trip on the Grand Canal!

Thank you to Myfanwy and Ifor Lloyd, Pennant, for the use of their letters and photographs – Kyffin shared their love of Welsh Cobs, horses he portrayed with such brilliance.

Many thanks to Alun Ifans, Headmaster of Casmael, Pembrokeshire. Alun was witness to Kyffin's generosity to the schools of Wales.

Thank you Dr Ann and Dr Glyn Rhys, personal friends of Kyffin, for your welcome and advice, irrespective of time! I wish to thank Nicholas Sinclair of Hove and Sally Goddard of Bangor for their help and support which has been central, in my mind, in undertaking this work.

Thank you to Marian Wyn Jones, Head of Centre BBC North Wales, for permission to use photographs of Kyffin at BBC Bangor.

Thank you to the poets James Nicholas, Gwyn Thomas and Derec Llwyd Morgan for the right to publish their poems of praise for Kyffin. Kyffin always took great interest in Welsh poetry.

To Elin Wynn Meredith I extend thanks for her photographs of some important locations in Kyffin's life and for her Patagonian photographs during her visit to Trelew, the Gaiman and Esquel.

Evan Dobson's photographic excellence and skill has been invaluable – he has been a tower of strength – my profuse thanks. I thank the officials at the Royal Cambrian Art Galleries, Conwy, where Kyffin was President, for their willingness to help at all times. I thank Rolf Harris for permission to reproduce his portrait of Kyffin and to Tinopolis Television of Llanelli, Cardiff and Caernarfon for the opportunity to discuss the painting in one of their programmes for S4C. Thank you Chris Butler, Chairman of Castle Fine Arts, the ground-breaking Foundry at Llanrhaeadr-ym-mochnant, for his photograph of the Centenary Sculpture at the Royal Welsh Showground where the farmer portrayed in bronze was based on one of Kyffin's portraits (sculptor – Chris Kelly). I thank the Royal Welsh Agricultural Society for the right to use the photograph of their sculpture and of the centenary CD cover.

I thank the stalwarts at Dinefwr Press, Llandybïe, for so much kindness and practical help and congratulate them on the high standard of their publications.

Permission from Gomer, the book publishers of Llandysul, Ceredigion, through Mairwen Prys Jones, to quote from their masterly books on Kyffin's art, has been pivotal to the project. I refer specifically to *A Wider Sky*, *Across the Straits* and *Kyffin in Venice*. I have quoted from the North Wales Association of the Arts' publications – from their published Kyffin lectures – and I thank the former-director, Llion Williams, who knew Kyffin so well, for permission to quote him *re* Kyffin's portraits.

I am indebted to Dafydd Llwyd for his designing and creative skills and for his enthusiasm for *Kyffin Williams: His Life, His Land*. It would have been difficult to complete the production demands without his help. I thank Gruffydd Meredith, Cardiff, for his work as picture editor for me, and Boomerang Television Group Cardiff for their help at all times and their support for the Arts in Wales.

I thank Mona Roberts for her usual high standard of interpretation and for being a perfectionist. I am deeply indebted to Elis Owen, the enterprising and go-ahead Managing Director of ITV Wales, for allowing me to use in print priceless television shots by ace cameraman Gareth Owen of Kyffin on location at Rhostryfan, Llanddwyn and Nant Peris from the *Artists* series which I had the pleasure of presenting (HTV and S4C), and to Owain Meredith and his colleagues at ITV Wales for their practical help. Bryn Roberts, Chief Executive of Barcud Derwen, has my sincere thanks for the excellent technical assistance of his dynamically led company. Many, many thanks to David Smith, Head of Physics at Highgate and through him to Highgate School for tremendous assistance *re* Kyffin's years as Art Teacher at Highgate. Lefi and Robat Gruffudd of Y Lolfa have been a great help – thank you.

Many thanks to Roderick Thomson, one of Kyffin's former pupils at Highgate, for permission to quote his excellent remarks *re* Kyffin in 'Lives Remembered', in *The Times* newspaper, September 16, 2006, and to *The Times* for being so helpful and excellent.

I thank Elfed Roberts, Director of the National Eisteddfod, for permission to use words and graphics from Kyffin's Patagonian

Exhibition Brochure at the Bangor and District National Eisteddfod, 1971.

I thank Dr Whitley of the Ashmolean Museum at Oxford for his kind assistance and the authorities at UCL, London, for being so helpful with the photo of The Slade!

Photographs of Kyffin in the classroom at Highgate School were taken by the late Crispin Urich.

Gwasg Y Bala were the publishers of R. Bryn Williams' book, *Y March Coch*.

I thank Mary Lynes-Edwards for her welcome at Llanfair-yng-Nghornwy.

I wish to thank William Owen, editor of *Y Cymro*, for permission to quote from my article *re* Kyffin in his paper and to the *Western Mail* likewise. I thank James Dean Bradfield for the use of graphics regarding his CD *Great Western*, and for a memorable train journey. Thank you to Cathrin Williams, the Patagonian expert, for her photographs of Luned Gonzáles and Tegai Roberts, and many thanks to the Academy for allowing me to quote Elis Gwyn's persceptive words about Kyffin from the Christmas edition of *Taliesin*, 1987.

Many thanks to S4C for permission to use a shot of Kyffin from the programme in his memory shown on *Y Sioe Gelf*, and thank you to the producers Cwmni Da for their help!

A special thank you to Gruff Davies, Producer/Director Boomerang Group, Cardiff, for permission to use photographs from the TV programme *Bandit* on M.C. Mabon's visit to Patagonia to record his latest CD of popular music. M. C. Mabon conveyed, at his request, Kyffin's greetings to Luned Gonzáles in the Gaiman in 2006.

Rights of photographs of Kyffin accepting University of Wales honours – University of Wales Registry. Thank you for every assistance.

I thank the authorities for a variety of photographs from the Kyffin Williams Collection, Oriel Ynys Môn.

Tegwen and John Albert Evans were most helpful in providing the wine bottle label for my use (only the label!). Thank you.

I thank DACS and the Kyffin Williams Estate for permission to use a variety of images that are within their rights portfolio. These paintings are among Kyffin's classic works.

I thank Gwyn Jones, Glyn y Weddw Gallery, Llanbedrog, for his help. Diolch.

The portrait of Sir David Hughes Parry is owned by Aberystwyth University (Kyffin was proud of it).

Kyffin had the greatest respect for the skills and creative abilities of Ieuan Rees, the world renowned designer and caligrapher. It was Kyffin's wish that Ieuan would design his gravestone – the gravestone at Llanfair-yng-Nghornwy.

The National Museum of Wales owns the painting of Dr Huw T. Edwards. I thank the Museum for allowing me to reproduce it. The National Museum also holds the rights to the painting by Amico Aspertini on page 128.

The 'family tree' was adapted from *Across the Straits* (Gomer).

Many thanks to Rhidian Griffiths, the National Library of Wales, for his ready assistance.

Gwasg Gregynog hold the rights of 'Kyffin, a Celebration' illustrations. I thank them for their cooperation.

David Meredith, April 2008

Hawlfraint Lluniau

Picture Copyright

Fflic: lluniau'r wynebddalen/title page photos; tudalen/page 8; rhifau lluniau/photo numbers: 77, 241, 242

Ystâd Kyffin Williams©Estate of Kyffin Williams, trwyddedig gan/licensed by DACS 2008: tudalennau/pages: 14, 54, 64, 134; rhifau lluniau/photo numbers: 99, 142, 163, 164, 165, 166, 168, 170, 171, 172, 180, 183, 192, 195, 198, 207, 211, 252

Nicholas Sinclair: llun o bamffledyn Oriel Môn/Oriel Môn pamphlet photo©**Nicholas Sinclair trwyddedig gan/licensed by DACS**; llun o daflen Oriel yr Albany/Albany Gallery pamphlet photo©**Nicholas Sinclair trwyddedig gan/licensed by DACS**

Mae Barddas wedi talu DACS am y defnydd o'u gwaith artistig/ Barddas has paid DACS visual creators for the use of their artistic works©

Oriel Ynys Môn: rhifau lluniau/photo numbers: 1, 8-12, 16-89, 104, 130, 132, 133, 143, 144, 145, 146, 151, 152, 153, 154, 155, 157, 158, 159, 160, 161, 162, 169, 179, 188, 189, 190; tudalen/page 76

Llyfrgell Genedlaethol Cymru/National Library of Wales: rhifau lluniau/photo numbers: 1, 98, 101, 105, 106, 107, 111, 115, 116, 117, 118, 119, 120, 131, 132, 133, 135, 137, 162, 167, 191, 193, 194, 234, 235, 237; tudalen/page 143

Ysgol Highgate/Highgate School: rhifau lluniau/photo numbers: 90, 92, 93, 96, 97

Llanddwyn: Perchnogaeth breifat/Private Ownership

Gwastadnant: Perchnogaeth breifat/Private Ownership

Eglwys Clynnog: casgliad Olwen a J. W. Meredith/Olwen and J. W. Meredith collection

Llyn Cynwch: casgliad Margaret a Ioan Bowen Rees/Margaret and Ioan Bowen Rees collection

BBC: rhifau lluniau/photo numbers: 94, 95

Stephen Kingston: rhif llun/photo number: 245

The Times: rhif llun/photo number: 178

Gerallt Radcliffe/*Daily Post*: rhifau lluniau/photo numbers: 129, 271, 274, 275, 276

Amgueddfa Genedlaethol Cymru/National Museum of Wales: rhifau lluniau/photo numbers: 195, 210